CURIOSITÉS

DE

L'HISTOIRE DES REMÈDES

COMPRENANT

des Recettes employées au Moyen âge

DANS

LE CAMBRÉSIS

PAR

Le Docteur H. COULON

de la Faculté de Médecine de Paris

et de l'Université de Bruxelles,

MEMBRE CORRESPONDANT DE LA SOCIÉTÉ ANATOMIQUE

ET DE LA SOCIÉTÉ DE THÉRAPEUTIQUE DE PARIS; ETC.

CAMBRAI

IMPRIMERIE ET LITHOGRAPHIE DE RÉGNIER FRÈRES

28 ET 30, Place-au-Bois, 28 ET 30

1892

CURIOSITÉS

DE

L'HISTOIRE DES REMÈDES

CURIOSITÉS

DE

L'HISTOIRE DES REMÈDES

COMPRENANT

des Recettes employées au Moyen âge

DANS

LE CAMBRÉSIS

PAR

LE DOCTEUR H. COULON

de la Faculté de Médecine de Paris
et de l'Université de Bruxelles,

MEMBRE CORRESPONDANT DE LA SOCIÉTÉ ANATOMIQUE

ET DE LA SOCIÉTÉ DE THÉRAPEUTIQUE DE PARIS ; ETC.

CAMBRAI

IMPRIMERIE ET LITHOGRAPHIE DE RÉGNIER FRÈRES

28 ET 30, PLACE-AU-BOIS, 28 ET 30

—

1892

DU MÊME AUTEUR

---

1. DES NÉVRALGIES CONSIDÉRÉES PRINCIPALEMENT AU
   POINT DE VUE DE LEUR TRAITEMENT.

   · *(Thèse pour le Doctorat en Médecine)*

2. PRÉCIS DE DÉONTOLOGIE MÉDICALE.

   *(Bulletin de la Société médico-scientifique du Nord
   et du Pas-de-Calais).*

INTRODUCTION

Il y a dans l'art de guérir les maladies humaines une partie toute spéciale qui s'occupe exclusivement de l'étude des médicaments tirés des trois règnes de la nature : les minéraux, les végétaux et les animaux. C'est la thérapeutique médicale ou pharmaco-thérapie.

Notre intention est d'en signaler rapidement les progrès à travers les siècles, en insistant particulièrement sur les découvertes les plus curieuses afin de rester fidèle au titre que nous avons donné à ce mémoire.

On est arrivé de nos jours à un tel degré de perfection dans les différentes façons de préparer et d'administrer les remèdes ; nous possédons une variété si étonnante, une telle richesse, un tel luxe même de produits pharmaceutiques composés et employés d'une manière rationnelle et sûre, qu'on sourit involontairement en constatant dans l'histoire de la médecine les singulières hésitations, les aveugles tâtonnements et les méprises extravagantes de la science médicale dans le domaine si important de la thérapeutique.

Le chemin a été long et pénible à parcourir pour arriver à la connaissance scientifique contemporaine.

Ne voulant que résumer en quelques pages précises toute une histoire capable de remplir des volumes, nous nous bornerons à montrer très succinctement quelle fut *l'enfance de notre art et à faire connaître brièvement les grands génies qui, dans les différentes phases de son développement, ont contribué le plus à son avancement, ainsi que les principaux systèmes qui ont favorisé ou enrayé ses progrès.*

Ce rapide aperçu historique servira naturellement de cadre aux curiosités médicales que nous avons relevées dans le cours des siècles et qui sont l'objet spécial de ce travail.

Ayant eu la bonne fortune de rencontrer à la Bibliothèque communale de Cambrai, un manuscrit du XIIIe siècle, écrit en langue romane et contenant un certain nombre de recettes médicales employées dans le Cambrésis, il nous a paru intéressant et instructif de présenter la traduction que nous en avons faite et qui permettra ainsi d'avoir une idée exacte de la manière dont on traitait les affections à cette époque.

Dr COULON.

CURIOSITÉS

DE

L'HISTOIRE DES REMÈDES

« Ars longa... »

—◄●◄◆●►—

Origine de l'art de reconnaître les remèdes.

Le désir de soulager ou de prévenir les maux que tout homme est fatalement exposé à souffrir, a créé l'art de reconnaître dans la nature toutes les substances qui pouvaient servir de remèdes.

Dès le commencement, bien avant que la médecine devint une profession particulière, chacun, poussé par l'instinct de conservation, était son propre médecin. Celui qui avait fait quelque expérience heureuse sur lui-même ou sur autrui, la renouvelait quand l'occasion s'en présentait et communiquait sa découverte à ses proches et à ses amis.

Suivant *Hérodote*, les Babyloniens avaient coutume d'exposer leurs malades sur les places publiques, et les passants étaient obligés de les examiner, afin que toute personne ayant souffert de la même manière ou ayant connu quelqu'un atteint de semblable maladie, pût leur offrir ses conseils et les encourager à pratiquer ce qui avait réussi en pareils cas. Cet usage existait également en Chaldée, en Assyrie, en Lusitanie et dans les

Asturies. *Strabon* rapporte que les Egyptiens recueillaient les malades dans leurs temples dont les murs étaient couverts de descriptions de maladies et des recettes qui avaient réussi.

Si l'on se demande à quelles sources les anciens ont d'abord puisé leurs connaissances médicales, il est permis d'affirmer que ce fut surtout au hasard qu'ils durent leurs premières découvertes, car ils ne possédaient aucune notion causale des maladies et se trouvaient dans l'ignorance la plus complète sur les propriétés des substances qu'ils pouvaient rencontrer. Tout ce que l'on a rapporté des peuplades sauvages semble confirmer cette assertion. Voir quels sont les moyens que l'homme de la nature oppose aux maladies, n'est-ce pas nous apprendre quelle a été l'origine de la médecine. Or, tous les récits qui nous sont parvenus prouvent que les sauvages n'ont jamais eu d'autres guides que le plus aveugle empirisme.

Plusieurs auteurs ont prétendu que nos ancêtres, en s'adressant primitivement aux plantes, avaient reçu certaines indications de l'instinct des animaux. C'est ainsi, qu'au dire de *Pline*, les anciens auraient appris de l'hirondelle la manière de guérir les maux d'yeux : « *Chelidoniam visui salaberrimam hirundines monstravere, vexatis pullorum oculis illa medentes.* » (1)

Les hirondelles ont fait connaître la propriété curative de la chélidoine, en guérissant avec cette herbe les yeux

(1) *Pline.* Hist. Nat. Livre VIII, Chapitre XLI.

malades de leurs petits. La chélidoine tire d'ailleurs son nom du mot grec κελιδων (hirondelle) ; elle est également appelée Herbe d'hirondelle ou grande Eclaire à cause de son efficacité dans les affections des yeux. Les anciens préparaient en un vase de cuivre un collyre composé du suc de cette plante et de miel. Aujourd'hui encore, bien des paysans guérissent des ophthalmies chroniques à l'aide de la décoction de l'herbe aux hirondelles. Toujours d'après le même auteur, nous voyons les ramiers, les geais, les merles, les perdrix, se débarrasser de leurs malaises avec la feuille de laurier ; la cigogne se guérir avec l'origan ; le dragon se purger avec la laitue sauvage ; le cerf résister à l'effet des plantes vénéneuses en broutant la cinare ; etc.

Toutes ces histoires paraissent plutôt spécieuses que réelles ; certainement elles touchent au merveilleux qui entoure toute origine. Pourtant quand on étudie l'instinct des animaux, ne rencontre-t-on pas des faits tellement étranges, qu'on puisse considérer comme vraisemblables les récits du célèbre naturaliste.

D'autres historiens dignes de foi ont recueilli des observations analogues à celles que raconte *Pline*. *Hérodote* et *Pausanias* nous assurent que *Mélampe* (1) découvrit la vertu purgative de l'Ellébore en observant son effet sur les chèvres. Ces mêmes animaux, selon

---

(1) C'est à *Mélampe,* médecin grec de l'époque fabuleuse (2705 av. J.-C.) que l'on doit la première mention des purgatifs. Il guérit en effet avec de l'Ellébore, les filles de *Prœtus,* roi d'Argos, que *Junon* avait rendues folles. On donna depuis lors à l'Ellébore le nom de Mélampodium.

Aristote et *Virgile* (1), blessés par les flèches des chasseurs mangent du dictame pour se guérir.

Galien rapporte qu'à la suite d'une bataille, les morts qui gisaient aux endroits où la germandrée aquatique était abondante, se corrompaient moins vite, et qu'ainsi fut découverte sa propriété antiseptique.

De nos jours encore, ne voit-on pas les chats et surtout les chiens rechercher les jeunes feuilles de chiendent pour se purger.

Nous nous arrêtons à ces quelques citations qu'il serait aisé de prolonger ; elles montrent suffisamment que dans la découverte des simples, l'homme a pu être aidé dans ses recherches par l'instinct des animaux.

Après le règne végétal ce fut au règne animal qu'on s'adressa pour augmenter les ressources de la thérapeutique. Comme le dit, du reste, *Cicéron* parlant des avantages que nous pouvons retirer des animaux : « ..... *Multaque ex earum (belluarum) corporibus remedia morbis et vulneribus eligamus sicut ex quibusdam stirpibus et herbis, quarum utilitates longinqui temporis usu et periclitatione percepimus* (2). »

---

(1) « Hic Venus, indigno nati concussa dolore,
Dictamnum genitrix cretœa carpit ab Ida,
Puberibus caulem foliis, et flore comantem
Purpureo : non illa feris incognita capris
Gramina, quum tergo volucres hœsere sagittœ. »

(*Virgile*, Eneide, Liv : XII, vers 411-415).

Alors Vénus, vivement frappée des souffrances imméritées de son fils (Enée), cueille sur le mont Ida le dictame aux feuilles cotonneuses et à la fleur de pourpre. Cette plante n'est pas inconnue de la chèvre sauvage, quand une flèche rapide s'est fixée dans ses flancs.

(2) *Cicéron*. De natura deorum, Lib. II.

Nous tirons de leurs corps de nombreux remèdes pour nos maladies et nos blessures, comme nous le faisons de certaines plantes et de certaines herbes dont nous avons reconnu l'utilité par une longue expérience.

En dernier lieu seulement, les métaux et leurs composés furent choisis dans un but curatif.

La thérapeutique chez les Anciens. Les Indiens.

Afin de mieux suivre les progrès obtenus chez les anciens dans l'application des remèdes, nous allons passer en revue les efforts tentés par les peuples qui se sont le plus distingués par leurs découvertes thérapeutiques.

Ce sont les *Indiens*, qui suivant les recherches archéologiques les plus récentes, auraient fourni les premiers éléments de la science médicale.

« A l'époque la plus éloignée *(période Védique)* et d'après la croyance populaire, ce sont les mauvais esprits, les *Rakshasas*, qui, sous forme de maladies viennent surprendre les hommes. Selon d'autres opinions, les maladies viennent des dieux, des sorciers et des hommes méchants ; tandis que les *Aswins*, divinités jumelles, ramènent la santé (1). »

Aussi toute la thérapie se bornait-elle à des invocations, à des hymnes conjuratoires, à des offrandes aux divinités, aux épreuves magiques, aux sortilèges, à l'interrogation des astres et du vol des oiseaux.

Dans une seconde période *(période Brahmanique)*

_____

(1) *Dr Handvogel.* Origine de la médecine.

l'art médical commence à entrer dans la voie du progrès, entre les mains des *Brahmanes* ou prêtres-médecins d'abord, puis ensuite des *Waïdyas* qui constituaient la caste supérieure et la plus instruite des médecins. La thérapeutique arrive chez eux à un degré de perfection extraordinaire. Beaucoup de maladies étaient uniquement traitées par la diète.

Avaient-ils besoin de médicaments, les médecins indiens les préparaient eux-mêmes.

Ils faisaient surtout usage du lait, du beurre, même du lait et du beurre de femme, de différentes sortes d'huiles, de graisses, de miel, de plusieurs espèces de sucre, de vin, de sirops, de liqueurs (1), d'élixirs merveilleux capables de prolonger la vie.

Ils se servaient aussi des plantes et savaient parfaitement en distinguer les différentes propriétés : vomitives, purgatives, astringentes, narcotiques, emménagogues, etc.

« Les substances minérales, telles que le salpêtre, la soude, le sel d'ammoniac, le soufre, le mercure, l'argent, le cuivre, le plomb, l'étain, l'antimoine, l'arsenic, le carbonate de fer, la poudre de pierres fines étaient déjà considérées comme étant les plus actives.

L'or passait pour le plus puissant des toniques. On l'employait par petites feuilles, passées préalablement six à sept fois par le feu, puis éteint dans divers liquides qu'on faisait boire au malade (2). »

Il existait une quantité de remèdes contre les maladies

---

(1) Dr *Handvogel.*

(2)   Id.

de la peau, du nez et des yeux ; contre les fièvres, les affections intestinales, le choléra.

Les Indiens avaient également à leur disposition de nombreux antidotes contre les poisons et principalement contre la morsure des serpents venimeux en si grand nombre dans ce pays (1).

Parmi les médicaments bizarres du règne animal, on remarque l'urine et la bouse de vache et les excréments de rhinocéros.

Dans les fièvres intermittentes, ils faisaient usage de la peau, des ongles et des cheveux en fumigations (2).

Le sang se donnait à l'intérieur comme reconstituant (3).

L'hyperémie se combattait par l'aspiration de diverses odeurs agréables (4), et l'hémoptysie par certains errhins introduits dans le nez.

Ils recommandaient de mâcher le fruit de l'Arèque enveloppé dans une feuille de Bétel, pour fortifier les gencives, aider à la digestion, et surtout pour enlever la mauvaise odeur de l'haleine (5).

Le fruit du Tamaris était prescrit contre les fièvres chaudes, les inflammations du foie, les maux de la rate. Le même fruit macéré dans de l'eau froide avait la propriété de purger doucement (6). Telle est l'origine de la préparation du Tamar Indien si répandu aujourd'hui.

---

(1) On en comptait 80 espèces. *Bouillet*. Hist. de la Médecine.
(2) Dr *Handvogel*.
(3)   Id.
(4)   Id.
(5) *J. A. de Mandelslo*. Voyage dans les Indes.
(6)   Id   Id.

L'anacarde était conseillé contre l'asthme et les vers, le cubèbe contre la faiblesse d'estomac et contre le catarrhe de poitrine (1).

Le bois d'aloès (calamba) réduit en poudre et pris dans un bouillon ou dans du vin, jouissait de la propriété de fortifier l'estomac, d'arrêter les vomissements, de guérir la pleurésie et la dyssenterie (2).

Dans toutes les circonstances, l'administration des remèdes était accompagnée de prières pour en augmenter l'efficacité. Par exemple, le malade ne devait pas faire de grimace en avalant son remède, car alors il aurait ressemblé, à *Brahma* et à *Shiva*, et aurait commis un grand péché (3) !

Les Egyptiens.

Si nous passons maintenant aux *Egyptiens*, nous constatons que la médecine chez eux était presque exclusivement pratiquée par les prêtres ou pastophores.

Ce monopole ne subsista pas toujours ; il fut un temps où l'on ne rencontrait plus que des médecins. Ce nombre exagéré tenait à ce que chaque praticien ne s'occupait que d'une seule espèce de maladie : les uns étaient pour les yeux, les autres pour les dents ; ceux-ci s'emparaient de la tête, ceux-là du ventre ; il y en avait même pour les maladies inconnues !

Malgré cela, leurs progrès en thérapie furent très lents par suite de leur aveugle attachement aux pre-

---

(1) *J. A. de Mandelslo.* Voyage dans les Indes.
(2)   Id.   Id.
(3) *John Cooper.* Les trois présidences de l'Inde.

mières traditions imposées par les pastophores. Il existait même un code de médecine appelé Livre sacré (1) dont on ne pouvait s'écarter dans le traitement des maladies. Tout praticien était puni de mort, si son malade succombait après avoir usé de quelque médicament qui ne figurait pas dans ce code. Si au contraire le nouveau remède réussissait, on l'ajoutait au Livre sacré et il acquérait force de loi comme les autres.

Les maladies des yeux et de la peau étant très fréquentes à cause de la chaleur de leur climat, les *Egyptiens* devinrent fort habiles dans l'art de confectionner les onguents, dans l'administration des frictions, des fomentations et des bains.

En dehors de cette médication spécialement destinée aux affections que nous venons de citer, les médicaments les plus usités étaient : la mercuriale, l'ellébore, les résines, la térébenthine, le fer, le sel de natron, le vin de palmier, le vinaigre, le miel, le lait ; l'urine d'homme, de femme, de chat, d'âne, de chèvre, de vache et de lion ; les excréments de crocodile et de quelques oiseaux ; la graisse et le fiel de bœuf ; la graisse de mouton et de vautour (2).

Les *Egyptiens* faisaient un usage fréquent de la jusquiame pour calmer leurs enfants.

L'assistance des dieux était considérée comme partie essentielle du traitement, aussi était-il toujours accompagné de prières, de cérémonies occultes et mystérieuses.

Ils accordaient aux astres une grande influence sur le

---

(1) Ce nom venait de ce qu'il était gardé dans un temple.
(2) *D*r *Handvogel.*

corps humain et ils rapportaient les causes des maladies à l'influence des démons dispensateurs des biens et des maux ; c'est pourquoi ils cherchaient à les apaiser par différents enchantements et différentes pratiques supers- titieuses.

Le plus souvent les malades avaient pour habitude de s'enfermer dans les temples d'*Isis* et de *Sérapis*, et d'attendre là que ces divinités leur révélassent, pendant le sommeil, les remèdes qui leur étaient nécessaires.

Suivant *Hérodote* et *Diodore de Sicile,* l'habitude de voir et d'examiner les viscères, quand ils embau- maient les corps, leur avait fait remarquer que bien souvent ces viscères étaient attaqués et corrompus ; ils en avaient conclu que les substances alimentaires en étaient la cause. Aussi pour se préserver de semblables désordres, s'étaient-ils accoutumés, trois jours par mois, à s'administrer des clystères (2), des boissons purgatives, des vomitifs, et à s'abstenir d'aliments. Ces remèdes de précaution eurent au moins pour effet de les rendre très sobres.

En somme, la médecine des *Egyptiens* ne nous a guère laissé de documents sérieux. *Galien* même considère leurs traitements comme « des farces ridicules » qui ont entravé chez eux le progrès véritable.

---

(2) *Pline* prétend que les Egyptiens auraient appris de l'Ibis la façon de se purger.... « *Ibis, rostri aduncitate per eam partem se perluens, quà reddi ciborum, onera maxime salubre est.* L'ibis se lave l'intérieur du corps en insinuant, avec son bec, de l'eau dans la partie par laquelle il importe à la santé que l'estomac se dégage du superflu des aliments. » *(Pline.* Hist. Nat. Livre. VIII, Chapitre XLI).

Les Hébreux, les Phéniciens, les Assyriens, les Mèdes et les Perses.

Il y a peu de choses à dire sur la thérapeutique des *Hébreux*, partie de leur médecine qu'ils négligèrent pour ne s'attacher qu'aux règles de l'hygiène où ils réalisèrent de réels progrès.

Les *Hébreux* croyaient que les maladies étaient souvent des fléaux de Dieu ; ils pensaient aussi qu'elles étaient fréquemment produites par le démon.

Les enchantements étaient fort employés chez eux, et si les hommes de foi avaient recours aux prières et aux prophètes, les superstitieux s'en rapportaient à la vertu des talismans.

Non plus que les *Hébreux*, les *Phéniciens*, les *Assyriens*, les *Mèdes* et les *Perses* n'ont rien laissé de particulier ayant rapport à notre sujet ; le mysticisme domine chez tous ces peuples.

Les Chinois.

Quant aux *Chinois*, qui font remonter leur origine à la plus haute antiquité, (6.000 ans avant notre ère), on peut être surpris de l'infériorité relative de leur médecine générale. Mais au moins, ils ont fait de sérieuses études sur la pharmacologie. Déjà vers l'an 3.218 av. J.-C. l'Empereur *Chin-Nong*, que l'on considère comme l'inventeur de la médecine en Chine, avait composé un livre de matière médicale, appelé *Pen tsao*, contenant 365 remèdes choisis parmi les pierres précieuses, les pierres ordinaires, les plantes et les animaux. Ce recueil s'enrichit rapidement sous ses successeurs et finit par

former un ouvrage en 52 volumes in-4° indiquar
1.111 médicaments. Le Musée Britannique possède un
copie de cet ouvrage (1).

D'après un code thérapeutique datant de 1.567 ans avar
notre ère, les *Chinois* employaient contre la goutte, de
végétaux marins et des éponges ; ils préparaient aussi
un vin de plantes marines et des pilules faites ave
du miel et de la poudre de ces mêmes plantes (2).

En dehors des substances qu'ils indiquaient et que l'o
retrouve dans les pharmacopées européennes, il en es
d'autres plus ou moins extravagantes qu'il est curieu
de relater : c'est ainsi qu'ils vantaient une sorte d
sudorifique très puissant appelé le trésor surnaturel pou
tous les désirs. Ce médicament se présentait sous form
de globules que l'on pulvérisait et que l'on mettait dan
le nez comme une prise de tabac. Cette poudre occasior
nait une si longue suite non interrompue de violent
éternuements, que bientôt tout le corps entrait en trans
piration ; et lorsque enfin, après cette crise sternutatoire
le patient revenait à lui, il était tout inondé de sueur
On se servait encore de cette poudre pour voir si ur
malade était en danger de mort prochaine : si une pris
était incapable de le faire éternuer, il devait certainemen
mourir dans la journée ; s'il éternuait une fois, il n'
avait rien à craindre jusqu'au lendemain ; enfin l'espoi
augmentait avec le nombre des éternuements (3).

Ils recommandaient également « les nids d'oiseaux

(1) *Dr Handvogel.*
(2) *Rabuteau.* Traité de thérapeutique.
(3) *Huc.* Voyage en Chine.

les ailerons de requin comme moyens propres à rendre la virilité aux tabescents (1). »

Ils employaient avec succès le fiel d'éléphant pour éclaircir la vue et guérir l'hydropisie.

Les yeux d'éléphants délayés dans du lait de femme et qu'on laissait ensuite tomber goutte à goutte dans les yeux étaient un excellent remède contre l'ophthalmie des nouveau-nés.

La liqueur d'ivoire, (ivoire que l'on faisait bouillir simplement dans de l'eau) était très efficace contre la dysurie et le mal caduc.

La graisse de chameau passait pour être souveraine contre le rhumatisme et l'engourdissement général.

Les poils pris sous le menton du chameau, ensuite brûlés et ajoutés à du vin, avaient la propriété de guérir les hémorrhoïdes.

Le sang de cerf guérissait les crachements de sang et la phtisie.

Le sang d'âne combattait la folie et la manie (2).

L'urine de cheval ou d'âne était prescrite dans les embarras gastriques.

Les cendres de cigales étaient souveraines contre la dyssenterie (3).

Les chauves-souris passaient pour posséder de hautes propriétés thérapeutiques : on employait surtout leurs excréments (4).

---

(1) *Bouillet.*
(2)   Id.
(3)   Id.
(4) *Léon Soubeiran.* La matière médicale chez les Chinois.

Les *Chinois* jugeaient de l'action d'un médicament d'après certaines analogies de couleurs, de formes extérieures et de saveur (1), c'est ainsi que la *Rhubarbe* devait dissiper l'ictère ; que le fruit de *l'Anacarde* orientale, qui a la forme d'un cœur, était considéré comme un excellent cordial ; que le *polygonum tinctorium*, qui fournit l'indigo, était réputé efficace contre les fièvres pétéchiales ; que le *Gin-Seng* (2), dont la racine ressemble à des cuisses d'homme, devait rendre la virilité et la force aux vieillards ; que le *politicus* qui ressemble à une touffe de cheveux, devait faire repousser les cheveux dans l'alopécie ; que la *pulmonaire*, dont les feuilles sont tachetées en blanc comme certains poumons tuberculeux était indiquée dans la phtisie.

Les médicaments étaient administrés en décoction et en infusion, ou sous forme de poudre, de pilules et d'électuaire. Mais, en dehors de leur application, il existait encore une foule de pratiques superstitieuses employées par les Bonzes, pratiques qui avaient beaucoup de rapport avec celles du magnétisme.

La médecine est restée presque stationnaire chez les *Chinois* ; beaucoup de remèdes employés dans les temps primitifs le sont encore aujourd'hui.

---

(1) C'est ce qui constituait la Doctrine des Signatures, d'après laquelle les plantes offraient certains caractères extérieurs qui permettaient d'en attendre des effets déterminés. Au moyen âge nous retrouvons aussi chez nous cette croyance aux Signatures.

(2) *Gin* signifie homme et *Seng* signifie tantôt tuer ou guérir, parce que cette racine prise bien ou mal à propos, cause des effets tout à fait contraires.

Les Grecs. — Origine de la médecine en Grèce. — Les Asclépiades.— Les Philosophes médecins. — L'Ecole de Pythagore.

Parmi les nations qui ont le plus illustré les sciences médicales, nous devons saluer la *Grèce* comme le pays qui fut le véritable berceau de notre art. Dans ce pays privilégié, la médecine, comme la philosophie, les lettres et les beaux arts, s'éleva au premier rang. Mais les premiers temps eurent aussi leurs ombres et leurs imperfections.

A son origine la science médicale était comme ailleurs entre les mains des prêtres, les *Asclépiades*, qui surent cependant perfectionner la méthode observée chez les Egyptiens.

Ils faisaient graver dans leurs temples, sur des tablettes votives, les noms des malades qu'ils avaient guéris. On y lisait des épigraphes, entre autres celle-ci :

« Ουαλεριω Απρω στρατιωτη τυφλω εχρηματισεν ο Θεος ελθειν και λαβειν αιμα εξ αλεκτρυανος λευκου μετα μελιλος και επι τρεις ημερας επιχρισαι επι τους οφθαλμους και ανεβλεψεν και εληλυθεν και ηυχαριστησεν δημοσια τω Θεω. »

« Un soldat aveugle, nommé Valérius Aper, ayant consulté l'oracle, en a reçu pour réponse, qu'il devait mêler le sang d'un coq blanc avec du miel, et en faire un onguent pour s'en frotter l'œil pendant trois jours : il recouvra la vue et vint remercier le dieu devant tout le peuple. »

Comme base de leurs traitements, ils conseillaient toujours la reconnaissance, la soumission, la résignation, et parvenaient ainsi à dégager leur responsabilité.

2

Ils furent toujours assez fourbes pour chasser impitoya-
blement des temples les malades désespérés, prétendant
que leur haleine était une profanation pour la divinité.

Jamais les insuccès n'étaient enregistrés ; à tel point
qu'un spirituel visiteur du temple d'Esculape demandait
à un cicérone : « Ubi sunt vota eorum qui invocato
numine perierunt ? » — Où sont donc les noms de ceux
qui sont morts, tout en ayant invoqué la divinité ?

Leur habileté médicale consistait surtout à gagner la
faveur du public par leur charlatanisme, abusant de la
crédulité des ignorants, à l'aide de la mise en scène des
cérémonies, durant lesquelles ils donnaient leurs conseils
salutaires. « Parmi toutes ces cérémonies, écrit *Dezeimeris*, celle que les Asclépiades accréditèrent le plus,
est connue sous le nom d'incubation ; elle consistait à
coucher dans le temple, pour obtenir la guérison de ses
maux..... Quand le malade était admis, il y avait des
cérémonies préalables, auxquelles on mettait un appareil
propre à en imposer au peuple, toujours avide du
merveilleux. Du sanctuaire ou du fond des temples, il
sortait quelquefois une agréable vapeur qui remplissait
le lieu où se tenaient les consultants : c'était l'arrivée du
dieu qui parfumait tout par sa présence. Après ces
préparations cérémoniales, venaient les jeûnes, les
expiations et les lustrations ; car le dieu ne se communiquait pas à des sujets impurs. A ces religieuses
grimaces succédaient les sacrifices, et chaque temple
avait les siens. En certains endroits on sacrifiait à
Esculape des moineaux, et en d'autres, des coqs....
Quand les ablutions et les sacrifices étaient finis, les
malades se couchaient ; le sacrificateur éteignait les
lampes et recommandait de dormir, ou du moins de
garder un profond silence par respect pour le lieu ; car

le moindre bruit effarouchait la divinité, qui avait de bonnes raisons pour ne pas s'exposer aux regards curieux et indiscrets des profanes. Lorsque le sacrificateur croyait tout le monde bien endormi, il s'empressait de faire sa ronde et s'emparait des noix, des figues, des gâteaux et des autres offrandes qui avaient été transportées de l'autel sur la table sacrée ; car, puisqu'il guérissait pour le dieu, il était juste qu'il mangeât pour lui. Le lendemain, on disait que l'immortel avait tout consommé (1). »

En dehors du sacerdoce médical, il se forma une catégorie de philosophes qui ne dédaignèrent pas d'appliquer leurs vues théoriques à la pratique de la médecine ; mais ce ne fut qu'une médecine spéculative.

Quoiqu'il en soit, *Pythagore* (2), chef d'une école qui devint célèbre, fit faire un pas immense à l'étude des médicaments en arrachant aux Asclépiades spéculateurs, le monopole de l'exercice de la médecine.

Ses disciples furent considérés comme les médecins les plus remarquables de leur temps dans le traitement des maladies internes.

Les médecins de Crotone, leurs successeurs, jouirent pendant longtemps de la réputation d'être les premiers praticiens de la Grèce.

(1) *Dezeimeris* : Dictionnaire historique de la médecine ancienne et moderne.

(2) *Pythagore* naquit à Samos, 608 av. J.-C. + 509. Dans ses études de la médecine, il s'occupa surtout de l'hygiène et fit des recherches sur les causes des maladies, ainsi que sur les propriétés des plantes.

Après *Pythagore, Anaxagore* (1), *Démocrite* (2), *Héraclite* (3) et *Euryphon* firent faire de grands progrès à la thérapie.

Hippocrate et l'apparition du naturisme. — L'humorisme ancien.

En l'an 460 avant notre ère, nous voyons apparaître *Hippocrate* qui fut le véritable fondateur de la médecine. Il était facile à un homme de génie de profiter de l'expérience de ses ancêtres, qui, durant trois cents ans avaient desservi les temples d'Esculape, avaient enseigné sous les portiques et dans les gymnases, et avaient fait entrer la médecine dans le domaine de la philosophie.

Hippocrate fut le premier qui chercha à réunir toutes les parties éparpillées de l'art de guérir, et à les disposer méthodiquement en les appuyant sur des aphorismes et

(1) *Anaxagore* naquit à Clazomène en Lydie, 500 av. J.-C. + 428. Il faisait dériver toutes les maladies de la bile.

(2) *Démocrite* naquit à Abdère, ville de la Thrace, 490 av. J.-C. + 381. Il eut une grande passion pour l'étude. D'après *Pétrone*, il fit de nombreuses expériences sur les minéraux, sur les végétaux et tira des sucs de toutes les plantes. C'est lui qui riait sans cesse de la sottise des hommes.

(3) *Héraclite* naquit à Ephèse en Asie-Mineure, 500 av. J.-C. + 440. Son caractère était tout l'opposé de celui de Démocrite. En dehors de ses théories ridicules, il s'occupa de l'étude des plantes. Atteint d'hydropisie, il consulta des médecins pour savoir s'ils pourraient bien changer la pluie en un temps sec et serein. Voyant qu'ils ne savaient que répondre à cette énigme, il ne voulut pas les consulter davantage, et se retira dans une étable où il se couvrit de fumier, dans la pensée qu'il consumerait par ce moyen l'humidité superflue de son corps. (*Eloy* : Dict. Hist. de la médecine).

des préceptes généraux. Après avoir instruit ses disciples sur la nature de l'homme, il leur fit rechercher attentivement les causes et les caractères de la bonne ou mauvaise disposition du corps et leur défendit de rien essayer sans raison. Il voulut aussi qu'ils s'exerçassent à connaître la nature de l'air, des eaux, des lieux ; les saisons ; les climats des pays ; les professions ; les habitudes et la manière de vivre des personnes. Il leur enjoignit également de tirer des conjectures touchant l'application des remèdes, non seulement de la maladie même, mais aussi de l'état des forces, de l'âge, du sexe, et du tempérament du malade. En un mot, il créa l'art de bien observer et sut se garantir des hypothèses et des vaines spéculations auxquelles s'abandonnaient les médecins de son temps.

Les connaissances d'*Hippocrate* sur l'anatomie et sur la physiologie, bases des véritables notions sur la nature des maladies et sur l'application rationnelle des remèdes, se réduisaient pourtant à peu de chose. Il considérait le corps comme étant composé des quatre éléments : l'eau, l'air, la terre et le feu ; avec leurs qualités : le froid, le chaud, le sec et l'humide. Le mélange de ces éléments en proportions variées donnait naissance aux solides et aux liquides : le sang, la pituite, la bile et l'atrabile ou eau. Pour lui, la matière était inerte, et elle devait ses propriétés diverses à une force étrangère qui lui donnait le mouvement et la vie. Cette force, qu'il désignait sous le nom de *Nature*, présidait à l'arrangement des parties ; elle était inattaquable par les causes morbides, qui n'agissent que sur la matière, et, lorsque la santé était troublée, c'était cette force qui dirigeait tous les efforts, tous les mouvements organiques dans le sens du rétablissement harmonique de la santé.

Pour maintenir la santé il fallait :

1° Que les humeurs fussent dans un mélange exact, dans un équilibre convenable, c'est-à-dire qu'elles ne devaient ni augmenter, ni diminuer.

2° Que les humeurs ne déviassent point de leur cours normal.

La prédominance d'une humeur soit dans son réceptacle normal (1), soit en un lieu quelconque, soit dans l'universalité du corps constituait la maladie.

Chaque fois que la maladie devait avoir une heureuse issue, l'humeur éprouvait une série d'élaborations pour arriver à un état dit de *coction,* état que la nature pouvait aisément faire disparaître et qui était précédé par ce que l'on appelait les phénomènes critiques ou *crises.*

« La maladie était encore considérée par *Hippocrate* comme un principe malfaisant qui soulevait tout le corps contre lui, et de cette révolte résultaient la fièvre, la coction et les crises. »

---

(1) Suivant *Hippocrate,* le sang avait sa source dans le cœur, la pituite dans le cerveau ; la bile était formée dans le foie et l'atrabile dans la rate. De ces quatre humeurs, il en est deux : la pituite et l'atrabile qui n'ont jamais existé que dans l'imagination des humoristes anciens, et il en existe bien d'autres : (la lymphe, le chyle, le lait, la salive, l'urine, le suc gastrique, le suc intestinal, etc), qui lorsqu'elles sont troublées, deviennent également la cause d'affections sérieuses.

Ce n'est qu'après bien des recherches anatomiques, physiologiques et chimiques, que l'on a fini par se rendre compte de ces lacunes, et que l'on a appliqué le mot humeur aux différents fluides du corps secrétés ou excrétés.

D'autre part, *Hippocrate* et ses disciples ont eu le tort de voir, dans l'altération primitive des humeurs, l'origine de toutes les maladies, car il arrive souvent que les solides sont les premiers atteints, comme il est facile de s'en convaincre dans l'étude des affections des systèmes osseux, musculaire, nerveux, etc.

Sa thérapeutique reposait tout entière sur cette théorie, fausse sans doute, mais qui, fécondée par un talent d'observation rare et un bon sens remarquable, devait le conduire à une sage intervention dans le traitement des maladies dont il sut si bien décrire les signes et le pronostic (1).

Hippocrate prescrivit les remèdes les plus simples, voulant que la médecine ne fît que suivre et imiter la marche de la nature : « *Quo natura vergit, eo conducendum* ». « Profondément humoriste, il emprunta la plupart de ses remèdes à la classe des évacuants : les vomitifs, les purgatifs et la saignée composèrent presque toute sa pharmaco-thérapie. Si ces moyens restaient impuissants, il avait recours aux diurétiques et aux sudorifiques » (2).

Toute sa thérapeutique ne saurait mieux être résumée que par ces mots contenus dans le premier livre de ses épidémies : « Être utile aux malades, ou du moins ne pas leur nuire ».

Nous remarquons dans la matière médicale de ce sage observateur :

Parmi les *purgatifs :* la carthame, le calament, le chardon-bénit, la bryone, l'ellébore, l'épurge, l'élatérium, la lauréole, la mercuriale, l'oxymel, les baies de sureau. etc.

Parmi les *vomitifs :* l'anagyre, la bryone, l'ellébore, l'ésule, la narcisse des prés, etc.

Parmi les *diurétiques :* les sucs de l'ache, de

_____

(1) *Dr Fournié :* Application des sciences à la médecine.
(2) *Bouillet.*

l'ail, de la bugrane, du crithme ou passe-pierre, du capillaire, du fenouil, du millepertuis, de la morelle, de la nigelle, de la scolopendre, etc., le vin blanc.

Parmi les *astringents :* la busserole, les coings, l'écorce de chêne, la mille-feuille, les pommes sauvages, etc.

Parmi les *hypnotiques :* la coriandre, la laitue, la mandragore, le pavot.

Parmi les *anthelminthiques :* l'ail, la noix.

Il provoquait la sudation à l'aide des frictions et des étuves.

La cuscute, le tussilage, le vin rouge doux étaient prescrits dans les affections de poitrine. L'aristoloche, l'aunée, la ciguë, la menthe dans les affections utérines.

Il ordonnait souvent les purgatifs et la saignée au début des maladies aiguës.

Contre l'hydropisie, outre les purgatifs et l'abstinence de boisson et d'aliments, il prescrivait la cantharide, privée de sa tête et de ses pattes. Contre les ophthalmies, il employait la tutie, et contre les douleurs des yeux, le colcotar.

C'est à *Hippocrate* que l'on doit le premier modèle de relation d'épidémie. Nous le voyons au moment de la grande peste d'Athènes allumer des feux dans toutes les rues et y faire jeter toutes sortes de fleurs et de drogues aromatiques ; imitant en cela les Egyptiens qui, d'après *Plutarque* purifiaient l'air, le matin, par des parfums de résine, faisaient brûler, à midi, de la myrrhe, et qui, le soir, à l'entrée de la nuit, allumaient des pastilles appelées *Cyphi,* composées de myrrhe et d'oliban.

Les successeurs d'Hippocrate. — Platon et les Dogmatiques. — Ecole d'Alexandrie ; Hérophile et Erasistrate.

Après la mort d'Hippocrate, *Thessalus* et *Dracon* ses fils, *Polybe* son gendre, continuèrent à enseigner sa doctrine. A leur suite, parurent quelques grands noms : *Dioclès de Charyste, Praxagore de Cos, Chrysippe de Cnide.* Ce dernier prétendit exclure la saignée et les purgatifs du domaine de la thérapeutique : sans doute que ce philosophe était d'un tempérament trop relâché !

Tous, un peu à la fois, retombèrent dans les erreurs des prédécesseurs d'*Hippocrate* et amenèrent la secte dite des *Dogmatiques* qui eut pour fondateur le célèbre philosophe *Platon.* Ce philosophe, laissant de côté la voie de l'observation et de l'expérience, prétendait trouver exclusivement par le raisonnement, l'essence même des maladies, leurs causes occultes et l'indication des remèdes à y apporter. Or, cette recherche de l'essence des maladies et de leurs causes occultes s'appuyant sur des connaissances anatomiques et physiologiques très imparfaites, il lui fallait, par conséquent, avoir recours à une foule d'hypothèses. D'autre part, tous les principes d'un bon raisonnement ne pouvant être déduits que de l'observation et de l'expérience, on voit de suite le côté défectueux du Dogmatisme.

Les idées erronées de cette secte dont les partisans aimaient à s'étendre dans de longs et beaux discours, dans les arguments et toutes les subtilités de la dialectique, eurent un succès déplorable. Propagées chez les Grecs, les Egyptiens, les Romains, les Arabes, et parvenues jusqu'à nous, elles ont, pendant plus de vingt siècles, opposé d'invincibles obstacles à la découverte de la vérité.

Nous ne ferons allusion à l'*Ecole d'Alexandrie* fondée à cette époque, que pour citer deux noms qui l'illustrèrent : *Hérophile* et *Erasistrate*. Le premier fut un anatomiste distingué, en même temps qu'un thérapeutiste très actif. Il faisait entrer dans les formules, un remède pour chaque symptôme. Le second joignit aux connaissances anatomiques, une étude plus sérieuse de l'hygiène et de la thérapeutique. Il désapprouva également la saignée et les purgatifs, recommandant de préférence les vomitifs, les lavements, les fomentations et les frictions. Il se déclara surtout pour les remèdes simples, ne voulant entendre parler ni des compositions royales(1), ni de tous les antidotes que ses contemporains appelaient les mains des dieux. Il ne pouvait supporter qu'on mêlât les minéraux avec les plantes et avec les animaux. Les meilleurs médicaments pour lui étaient la ptisanne (2), les bouillons d'orge, la citrouille, l'hydroléum et la chicorée qu'il apprêtait lui-même tant il attachait d'importance à cette plante.

Les Empiriques

Les opinions Platoniciennes dominèrent jusqu'au troisième siècle avant notre ère, époque à laquelle *Philinus de Cos* et *Sérapion d'Alexandrie* créèrent la secte des *Empiriques* qui, par une erreur diamétrale-

---

(1) On les appelait ainsi à cause de leurs propriétés dignes d'un roi en bonté et en vertu.

(2) C'était de l'orge pilée, de πτισσανη décoction d'orge.

ment opposée à celle des *Platoniciens*, se confinaient uniquement dans l'observation clinique en repoussant le raisonnement et les études anatomiques.

Pour eux, les seules lumières de l'expérience, autrement dit la connaissance fondée sur le témoignage des sens ou de la mémoire, suffisaient pour arriver à la science médicale. Ils repoussaient l'étude de la cause prochaine et de la nature intime des maladies.

Les Empiriques distinguaient trois sortes d'expériences que *Glaucias,* médecin empirique, avait dénommées : le trépied de la médecine.

La première était produite par le pur hasard, comme dans le cas où quelqu'un aurait été soulagé d'un grand mal de tête en saignant du nez.

La seconde était celle qui se faisait par essai, comme il arrive lorsque quelqu'un ayant été mordu par un animal venimeux, applique sur la blessure la première herbe qu'il trouve ; ou lorsqu'un fiévreux se guérit en buvant par instinct, autant d'eau qu'il en peut supporter.

La troisième comprenait celle que l'on appelait *imitatoire,* dans laquelle on répète, dans l'espoir d'un pareil succès, ce que le hasard, la nature ou l'essai ont indiqué.

Cette doctrine fut excessivement funeste à l'art de guérir, parce qu'en proscrivant l'étude des causes cachées, ainsi que celle de la nature des affections, elle a privé la thérapeutique d'une de ses plus importantes sources d'indications et elle a réduit le traitement des maladies à l'emploi de pratiques superstitieuses et absurdes, à l'usage des substances les plus repoussantes et les plus compliquées de la polypharmacie. Ne vouloir tenir ses remèdes que du hasard, de la fantaisie individuelle et de l'analogie, c'est renfermer la science thérapeutique dans des limites trop étroites. A côté du hasard, qui cependant a été la source de bien des documents, à côté de l'inspiration et de la constatation purement empirique qui ont suggéré une foule d'applications utiles, il faut absolument faire la place au raisonnement qui crée les hypothèses, entrevoit et règle les expériences nécessaires à leur vérification, contrôle et interprète les résultats de l'expérimentation pour en tirer des conclusions rigoureuses et certaines. L'Empirisme pur, le seul témoignage des sens ne peuvent que nous faire constater certains phénomènes existant sans nous en dire la cause et sans indiquer les remèdes qui pourraient les combattre ; comme par exemple, l'abolition du mouvement volontaire dans la paralysie. La raison seule pourra s'élever jusqu'à la cause et en recherchant si cette paralysie est de nature organique, hystérique, rhumatismale, saturnine, toxique, etc., elle nous indiquera le mode de traitement le plus profitable à suivre.

Un des plus grands torts de l'Empirisme fut aussi de délaisser les études anatomiques et physiologiques et de s'en rapporter aux phénomènes extérieurs, sans tenir compte des modifications produites dans l'organisme par la maladie. Comment pouvoir traiter d'une façon efficace un organe dont on ignore la situation, la structure et les fonctions normales.

Les Méthodistes ou Solidistes.— Les Pneumatiques. — Les Eclectiques.

Les Méthodistes ou Solidistes poussés, comme leurs prédécesseurs, par le besoin de généralisation, continuèrent l'œuvre des *Empiriques* en cherchant à simplifier encore les études de la médecine.

Pour eux, toutes les maladies dépendaient ou d'un resserrement général de nos tissus *(strictum)* ou de leur relâchement *(laxum)*. Certaines parties de notre corps pouvaient être trop resserrées, tandis que d'autres étaient trop relâchées *(mixtum)*.

Leur thérapeutique consistait par conséquent à rétablir l'état normal dans le corps, d'une part, en utilisant la saignée, les sangsues, les vomitifs, les sudorifiques, les cataplasmes, etc ; de l'autre, en administrant les astringents.

Il leur répugnait de se servir des purgatifs, des diurétiques, des narcotiques ainsi que des remèdes douloureux. D'un autre côté, ils faisaient un très grand cas de l'influence de l'air sur les malades.

Les principaux sectateurs du *méthodisme* furent *Thémison de Laodicée* (1), *Soranus d'Ephèse*, *Thessalus de Tralles* (2) et *Cœlius Aurelianus*.

Leurs successeurs finirent par se diviser et firent éclore deux nouvelles sectes : les *Pneumatiques* et les *Eclectiques*.

Les premiers prétendaient que tout le corps était

---

(1) *Thémison* est le premier qui fit usage des sangsues. Il découvrit les propriétés du plantain et donna la description du *Diacode,* remède composé du suc et de la décoction de têtes de pavots et de miel.

(2) *Thessalus* était un modèle de flatterie et d'impudence, il prétendait enseigner l'art de la médecine en l'espace de six mois. Suivant le système si commode du méthodisme, c'était chose facile, puisqu'il n'existait que deux sortes d'affections contre lesquelles deux sortes de remèdes suffisaient.

pénétré d'un esprit *(pneuma)* dont le siège résidait dans les artères et dans le cœur.

Ils eurent pour principaux promoteurs : *Athénée de Cilicie, Agathinus de Sparte, Archigène, Hérodote,* etc.

Les *Eclectiques,* représentés par *Celse* et *Arétée,* faisaient profession de choisir ce que chacune des autres sectes avait de meilleur sans vouloir se ranger à aucune doctrine.

Celse fut un excellent observateur. Il était convaincu de l'utilité des connaissances anatomiques et physiologiques pour aider à la découverte de remèdes efficaces ; mais comme ces sciences n'étaient pas suffisamment connues de son temps, il voulait qu'on s'en tînt à l'expérience et à l'observation.

Nous sommes redevables à *Arétée* de l'usage des cantharides comme vésicants. Il se servait également de la moutarde et du thapsia, pour tirer le mal du centre à la périphérie.

Dioscoride.

Il nous faut ici mentionner d'une façon particulière un auteur célèbre que les historiens ne rattachent à aucune secte ; nous voulons parler de *Dioscoride.*

Ce savant médecin naquit à *Anazarbe* (qui fut depuis nommée *Césarée*) ville de *Cilicie,* au premier siècle de notre ère. Entraîné dès sa jeunesse par le désir de s'instruire, il parcourut plusieurs régions pour connaître les différentes substances qui servaient à la médecine. Comme ses travaux avaient porté particulièrement sur les plantes, il ne fut considéré que comme botaniste ; on lui doit pourtant la première énumération de leurs propriétés médicales. Il composa un grand ouvrage, dont la traduction latine que nous possédons est intitulée : « *Pedanii Dioscoridis Anazarbei de medicinali materià 1543* ». Ce traité est divisé en six livres, et contient la description de 600 médicaments environ. A côté de sérieuses appréciations, il en est beaucoup de futiles et même d'extravagantes. Malgré cela, c'était le meilleur traité de matière médicale de son époque, il fut souvent consulté et textuellement copié notamment par *Galien*, *Oribase* et, beaucoup plus tard, par les thérapeutistes du Moyen âge et de la Renaissance.

Voici du reste, quelques indications que nous avons prises un peu au hasard parmi les plus intéressantes :

L'aurone pilée, écrasée et appliquée sur la tête, fait repousser les cheveux dans l'alopécie.

Le chardon-bénit guérit le cancer.

L'argentine appliquée à la plante des pieds, ou mise dans les souliers, arrête merveilleusement la dyssenterie et toute espèce d'hémorrhagie.

L'orcanète macérée dans du vinaigre est efficace contre la lèpre et l'éléphantiasis.

Le thlaspi fait disparaître l'érysipèle et les hémorrhagies.

La rue broyée et mise dans le nez, en arrête le flux du sang.

Le vin de grenade est utile contre la fièvre.

La corne de pieds d'âne ou de chèvre réduite en cendre et prise en potion, fait revenir le lait.

Les cloportes concassées et réchauffées dans une écorce de grenade avec un peu d'huile rosat, puis mises dans les oreilles, en calment les douleurs.

La fumée de sauterelles mises sur un brasier, fait facilement uriner dans le cas de dysurie.

L'application d'un onguent fait avec une tête entière de lièvre brûlée, de l'axonge d'ours et du vinaigre, guérit de la pelade.

La fiente de rats ou de souris broyée et appliquée avec du vinaigre jouit de la même propriété.

La fiente de ces mêmes animaux bue avec de l'encens et du vin miellé fait disparaître la gravelle. Appliquée en suppositoire, elle lâche le ventre aux petits enfants.

Le fiel de chèvre appliqué sur les yeux éclaircit la vue.

L'urine humaine est un excellent remède contre la morsure des vipères et autres venins.

La cigale rôtie est recommandée contre les douleurs vésicales.

De même, les excréments de chien recueillis durant la canicule sont employés efficacement contre les flux du ventre, si on les boit délayés dans du vin.

Les excréments de lézard servent contre les taies de la cornée.

L'os qui se trouve dans le cœur du cerf est un excellent antidote contre les poisons et les fièvres pestilentielles.

Contre la morsure d'un chien enragé, il est recommandé de boire du sang d'un autre chien.

Contre les plaies de la tête atteignant même les méninges, il faut appliquer du sang de colombe, de pigeon ou de tourterelle.

Contre l'épilepsie, il faut boire du sang d'agneau, ou

encore prendre les pierres qu'on trouve dans le ventre des jeunes hirondelles.

Contre le venin des serpents, il est bon de manger des grenouilles avec du sel et de l'huile ou du beurre.

Dioscoride préconise également la fumée de vieilles chaussures pour chasser les serpents et les vipères, comme il est rapporté dans la citation suivante : « .... *in agro quum quidam aperto ore dormiret, vipera per os ingressa est, quæ multis adhibitis remediis, nunquam à corpore profligari potuit, tandem fumigiis ex iis veteribus calceamentis, apparatis, et naribus admonitis, illico vipera per anum exivit* (1). »

Un homme dormant un jour dans un champ avec la bouche entr'ouverte, une vipère s'y introduisit ; et comme aucun des nombreux remèdes employés, n'avait pu le chasser de son corps, on se servit enfin de la fumée de vieilles chaussures, et aussitôt qu'elle eut été placée sous le nez du dormeur, la vipère sortit par l'extrémité opposée.

Pour finir, *Dioscoride* va jusqu'à conseiller la *Mumie* comme styptique et résolutive contre les abcès, les fractures, les plaies et aussi contre l'epilepsie et les vertiges. La mumie était une sorte de liqueur odorante, ayant la consistance du miel, principalement composée d'aloès, de myrrhe, d'encens, de bitume de Judée, et recueillie dans les anciens tombeaux de l'Egypte. Il se plaint même de la falsification de ce précieux médicament que l'on retirait d'autres cercueils.

----

(1) Pedanii Dioscoridis Anazarbei de medicinali materià libri sex Joanne Ruellio Guessioneusi interprete. (Marpurgi, 1543), fol. 198.

Dioscoride, dans son traité, ne fait aucune allusion aux causes des maladies ; il ne parle ni de l'âge, ni du sexe des malades, pas plus que des doses des médicaments. Pour cette raison, il peut être considéré plutôt comme un Empiriste encore, que comme un homme sérieusement éclairé.

L'apparition successive des différentes sectes que nous venons d'énumérer, avait plongé la médecine dans une déplorable anarchie, jusqu'au moment où apparut *Galien*, qui par son génie sut rassembler les fragments épars de l'édifice scientifique.

Les Romains. — Leurs premiers médecins.

Avant de parler du célèbre médecin de l'Ecole de Rome, disons au moins un mot de la médecine chez les Romains.

Pendant six siècles, les études médicales furent complètement négligées par ce peuple.

Dès les premiers temps, la frugalité des conquérants du monde qui ne connaissaient d'autre gloire que celle des armes, leur faisait mépriser la médecine comme un art frivole et inutile ; une simple routine aveugle leur suffisait (1) et la pratique de la médication n'était digne que des esclaves (2).

Plus tard, quand ils furent tombés dans le luxe et la corruption, ils recoururent à la médecine qui brilla, sous

---

(1) Le chou était, pour ainsi dire, leur unique remède.

(2) On a trouvé sur la tombe d'anciens esclaves, leurs titres de médecin, de chirurgien et d'oculiste.

les empereurs, avec assez d'éclat et de dignité jusqu'à l'invasion des barbares.

D'ailleurs il n'était guère encourageant d'exercer la médecine à Rome. *Archagatus* (1), le premier médecin qui s'y établit, fut lapidé par le peuple révolté de lui avoir vu employer le fer et le feu dans les opérations chirurgicales.

Parmi les autres praticiens qui acquirent quelque célébrité, citons le grec *Asclépiade*, ami de *Cicéron.* Il naquit à *Pruse* en *Bythinie* au 2e siècle avant J.-C. D'abord rhéteur, il abandonna l'éloquence pour embrasser la profession de médecin. Il condamna tous les principes d'*Hippocrate* et attribua la cause des maladies à un défaut de proportion entre les pores et les atomes, d'où les obstructions. A la place de la science solide et profonde du praticien, il substitua l'agrément et la réputation du beau parleur, ce qui souvent tient lieu de mérite auprès des malades peu judicieux. Il s'appliqua à flatter le goût de ceux qu'il soignait et à satisfaire leurs désirs autant qu'il était en son pouvoir ; c'était un moyen sûr de gagner leur confiance.

Sa thérapeutique consistait principalement à diriger le régime. Il mettait ses malades à la diète pendant un ou deux jours, pour leur ménager plus de plaisir en leur offrant ensuite le boire et le manger. Sa maxime était qu'un médecin devait guérir ses malades sûrement, promptement et agréablement *(cito, tuto* et *jucundè).* Seulement, comme le fait observer *Celse,* il y a beaucoup de dangers à vouloir guérir trop vite et à

(1) *Archagatus* était du Péloponèse, il vint à Rome en l'année 535 de sa fondation, sous le consulat de *L. Œmilius* et de *L. Julius.*

n'ordonner rien que d'agréable. « *Asclepiades officium esse medici dicit ut tuto, celeriter, et jucundè curet. Id votum est : sed fere periculosa esse nimia et festinatio et voluptas solet* (1). »

Après *Asclépiade* vinrent *Etienne de Bysance ; Aufidius de Sicile ; Nécon d'Agrigente ; Artorius ; Clodien ; Nécératus* et *Antonius Musa* l'affranchi. Ce dernier fit de nombreuses recherches sur les propriétés des diverses plantes médicinales et le premier conseilla la chair de vipère. Il sauva l'empereur Auguste d'une dangereuse maladie en lui ordonnant des bains froids, et en lui faisant manger de la laitue. Cette heureuse cure lui valut le privilège de porter un anneau d'or, ce qui jusque-là n'avait été permis qu'aux personnes de la première condition.

Tous les médecins, en considération de *Musa*, furent exemptés pour toujours de tous les impôts ; et le peuple romain, par reconnaissance, fit élever une statue à celui qui avait si habilement sauvé la vie à son empereur.

Galien et les Galénistes.

En l'an 131 de notre ère, naquit à Pergame l'illustre *Galien*, qui fut après *Hippocrate*, le premier médecin de l'antiquité.

« Obéissant à cette loi impérieuse de l'esprit qui nous oblige à systématiser nos connaissances sur un point donné, dans un enchaînement logique en apparence et qui satisfasse la raison, *Galien* remplaça les réalités

(1) *Celse*, Lib. 3. C. 4.

dont il ne soupçonnait pas l'existence par des inventions qu'il emprunta à la tradition ou à sa propre imagination. C'est ainsi que, dépourvu de connaissances histologiques, chimiques et physiques, qui seules pouvaient le conduire à la notion des propriétés physiologiques des tissus, il adopta la théorie hippocratique des quatre éléments : l'eau, l'air, la terre, le feu, et de leurs qualités : le chaud, le froid, le sec et l'humide, auxquels il joignit les quatre humeurs : le sang, la bile, la pituite et l'atrabile (1). Ces quatre humeurs déterminaient les quatre tempéraments : le sanguin, le pituiteux, le bilieux et le mélancolique. Selon lui, la maladie (ou comme il l'appelait : l'intempérie, la dyscrasie), était un trouble dans l'harmonie normale des divers liquides ou humeurs de l'économie. Il considérait cet état comme quelque chose de contraire à la nature, et qui par conséquent, devait être combattu par ce qui était contraire à la maladie. De là sa maxime : « *Contraria contrariis curantur*. » Il admettait aussi des maladies par altération des solides et par altération des forces.

Il fut l'auteur de la secte des *Galénistes*, dont les opinions firent autorité pendant près de quatorze cents ans. Leur thérapeutique se distinguait par une polypharmacie outrée. Ils mélangeaient sans mesure ni raison, une foule de substances le plus souvent inertes, comme la *thériaque* (2), dont *Galien* a donné la

(1) *Ed. Fournié*. Application des sciences à la médecine.

(2) *La Thériaque* (de θηριακος qui a rapport aux bêtes sauvages) est un électuaire ainsi appelé parce qu'on le regardait comme un spécifique contre les effets de la morsure des animaux venimeux. Il contient les substances suivantes au nombre de 68 : agaric blanc, scille sèche, iris de Florence, cannelle fine, cassia lignea, spicanard,

formule originale et qui, à part l'opium, seule matière
efficace qu'elle contient, n'offre qu'un bizarre assemblage
de plantes plus ou moins hétérogènes.

Malgré cela, *Galien* approfondit l'étude des médicaments et sut en distinguer les effets primitifs ou immé-
diats d'avec leurs effets secondaires ou éloignés. Il le
prouve d'après la façon dont il se moque des *Thessaliens*,
qui, d'après lui, s'intitulaient faussement méthodiques.
« Qu'y a-t-il de plus déraisonnable, disait-il, que ces
ânes de Thessalus, qui changent continuellement de
remèdes, ignorant la cause pour laquelle un médicament

---

acore odorant, costus arabique, gingembre, racines de quintefeuille,
de rapontic, de valériane, de nard celtique, de méum, de gentiane,
d'aristoloche, d'asarum, bois d'aloès, sommités de scordium, roses
rouges, safran, stœchas arabique, dictame de crète, malabathrum,
marrube blanc, calament, chamœdris, chamœpitys, millepertuis,
pouliot, marum, petite centaurée, semences d'ers, poivre long, semences
de navet sauvage, amome en grappes, poivre noir, poivre blanc,
persil de macédoine, cardamome, carpobalsamum, ammi, anis, fenouil,
séséli, thlaspi, daucus de Crète, opium, mie de pain, *vipères sèches,*
suc de réglisse, d'acacia, d'hypociste, gomme arabique, myrrhe,
oliban, galbanum, opopanax, castoréum, bitume de Judée, terre sigillée,
styrax, calamite, sagapénum, sulfate de fer, baume de la Mecque,
térébenthine de Chio, miel blanc, vin d'Espagne.

L'origine de cette composition remonte à une grande antiquité.
Mithridate, roi de Pont en fut le premier inventeur. Craignant toujours d'être empoisonné, il composa cet antidote qui, paraît-il, lui
réussit à merveille, car étant tombé entre les mains de *Pompée* et,
captif, ne voulant pas être mené en triomphe dans Rome, il tenta
vainement de s'empoisonner et fut réduit à se faire tuer par un
esclave. Sa recette trouvée dans ses coffres et remise à Pompée fut
décrite en vers hexamètres, par *Damocrate,* sous le nom même de
Mithridate. Plus d'un siècle après, *Néron* fit perfectionner le mithridate, par *Andromaque,* son médecin, qui lui donna le nom de *Galène,*
c'est-à-dire calmant. Plus tard, *Nicandre,* poète grec, l'appela
Thériaque, nom qui lui est resté.

(*Guibourt :* Dictionnaire de médecine et de chirurgie pratiques).

profite et est utile....... Si par hasard, survient une guérison, ils ne la doivent qu'à une bonne fortune, mais nullement à la raison (1). »

Pour *Galien* on ne pouvait bien connaître les médicaments qu'en les expérimentant ; et à l'expérience il savait associer le raisonnement, mais souvent aussi des hypothèses. Il admettait des remèdes relâchants, astringents, atténuants, incisifs, incrassants, etc. ; il faisait surtout usage de la saignée dans les fièvres et dans les maladies chroniques de cause pléthorique.

Il n'était pas partisan de la diète absolue, et se montrait très réservé dans l'emploi des purgatifs, regardant leur usage intempestif comme très nuisible.

Le premier, on le vit se servir de l'aloès lavée, mêlée avec des aromates et des gommes balsamiques pour corriger les humeurs vicieuses de l'estomac.

On lui doit aussi l'usage des amers dans la goutte.

Tout cela ne l'empêcha pas à son tour d'employer des substances dont il lui eut été difficile d'expliquer l'action.

Dans ses trois remèdes contre la phtisie, on le voit, par exemple, recommander un médicament fait de fumier de colombes, que l'on appliquait sur la tête, fraîchement rasée (2).

Contre les coliques, il préconisait la fiente de loup prise en breuvage avec du vin blanc.

Contre la goutte et l'embonpoint, il conseillait les

----

(1) Les six principaux livres de la thérapeutique de *Galien,* Livre III.

(2) Les six principaux livres de la thérapeutique de *Galien,* Livre V.

médicaments qui « exténuent grandement » comme le
sel fait de vipères brûlées. Il ne fallait pas abuser de ce
dernier remède, car quelques malades en ayant trop
pris, eurent le sang brûlé et en moururent (1).

On voit aussi *Galien* recommander l'usage des vipères
dans la ladrerie, comme il y fut amené par le fait suivant
qu'il rapporte lui-même en son deuxième livre des
simples, chapitre Ier.

Il y avait en Asie, un individu atteint de ladrerie, qui
par son voisinage et son contact avait communiqué son
affection à plusieurs. Il était à ce point gâté, corrompu,
repoussant et puant qu'on lui fit une demeure complètement isolée au-dessus d'une colline près d'une fontaine
où on lui portait à boire et à manger, autant qu'il en
avait besoin. Il advint qu'au moment des canicules où
l'on moissonnait, on apporta du fort bon vin aux moissonneurs, lequel vin fut laissé dans le champ par celui
qui l'avait apporté et qui s'en était retourné. Or, quand
un des valets fut pris de soif, il voulut mettre de l'eau
dans le vin, comme il en avait coutume. Tout en versant
de cette liqueur dans une coupe, une vipère morte
s'échappa du vase ; étonnés, les moissonneurs aimèrent
mieux ne boire que de l'eau et ne pas toucher au vin de
peur qu'il leur fît mal. Se retirant le soir, et passant
pardevant la ladrerie où se trouvait le malade, ils lui
donnèrent ce vin par compassion, disant entre eux qu'il
lui serait préférable de mourir que de languir en cette
misère. Mais ce pauvre homme n'eut pas plutôt achevé
de boire ce liquide, qu'il se sentit soulagé et fut rapide-

(1) Les six principaux livres de la thérapeutique de *Galien*, Livre VI.

ment guéri de sa ladrerie, sa peau demeura tendre, molle et semblable à la chair des écrevisses et des langoustes quand elles muent.

Galien recommande encore la chair de vipère, à la sauce blanche, contre l'éléphantiasis. Il raconte même qu'en serrant le cou à une vipère avec quelques brins de fil de manière à l'étrangler, ces brins sont un admirable moyen pour guérir les tumeurs du cou par leur seul contact. Il ajoute que la pivoine guérit merveilleusement l'épilepsie si on la pend au cou des malades.

Sur ses vieux jours, il contracta l'habitude de manger tous les soirs de la laitue dans le but de se procurer un repos salutaire.

Après l'époque de *Galien*, la médecine tomba dans un état de décadence dont elle ne se releva qu'après de longs siècles. La cause de cette dégradation fut incontestablement due à l'introduction par les juifs de la magie, de l'astrologie et de toutes les absurdités de la théosophie orientale dans l'enseignement et dans la pratique de la médecine.

Le moyen âge. — La thérapeutique chez les Arabes. — Décadence de la médecine en Occident. — Epoque de Charlemagne. — Pratiques superstitieuses.

Au moment où la civilisation Romaine expire, lorsque l'Europe occidentale est envahie par les Barbares, les lettres et les sciences vont chercher un dernier refuge à Alexandrie devenue si célèbre par son école de médecine.

Voici la fin du cinquième siècle, nous entrons dans le moyen âge.

Quelques noms illustres : *Oribase, Aétius d'Amide, Philothée, Alexandre de Tralles, Paul d'Egine,* apparaissent encore, mais la ville d'Alexandrie tombe à son tour. Saccagée par les Sarrasins en 640, sa riche bibliothèque devient la proie des flammes. Quelques livres de médecine pourtant sont épargnés et tombent ainsi en la possession *des Arabes.* Ces Barbares s'empressent de se parer des travaux des Grecs qu'ils traduisent à leur façon y mêlant les traits grossiers de leur vanité et de leur superstition.

Quoi qu'il en soit, la thérapeutique leur est redevable de quelques progrès. Ce fut *Avicenne,* un de leurs médecins les plus célèbres qui commença à introduire la chimie dans les médicaments. Nous leur devons aussi la connaissance de nouveaux purgatifs tirés des plantes. comme la *manne,* le *séné,* la *rhubarbe,* les *tamarins,* la *casse.* Ils rendirent l'usage plus commun du sucre et par suite d'une foule de compositions inconnues avant eux, tels que les sirops, les juleps, les conserves, etc. Ils introduisirent également dans la médecine, les aromates, les pierres précieuses et les feuilles d'or et d'argent. En un mot, ils servirent comme de trait d'union entre la médecine ancienne et la médecine nouvelle.

Tandis que l'enseignement médical florissait dans tous les pays occupés par les Arabes, en Asie et surtout en Espagne, à Cordoue (1), Grenade, Tolède, Séville, Valence, Malaga, le flambeau de cette science s'était éteint dans les états chrétiens de l'Occident.

Les choses en étaient revenues à la situation des

---

(1) La bibliothèque de Cordoue renfermait 60,000 manuscrits.

premiers âges de la civilisation, où la médecine, comme nous l'avons vu, était le patrimoine des prêtres du paganisme. L'art de guérir était confiné dans les cloîtres et les moines, tout en copiant les belles productions des grands génies de Rome et d'Athènes, s'exerçaient encore à l'administration des remèdes Mais leurs connaissances insuffisantes en matière médicale, loin de les faire considérer comme de véritables médecins, ne permettent de voir en eux que de simples garde malades.

Plus tard, lorsque *Charlemagne* ouvrit des écoles et fonda des institutions médicales, les moines et les ecclésiastiques, qui seuls savaient lire à cette époque, prirent à cœur de bien étudier les anciens auteurs, afin de pouvoir les enseigner avec succès et autorité.

Malheureusement, la protection que le grand Empereur accorda aux lettres et à la médecine ne fut pas de longue durée ; elles succombèrent pendant les guerres civiles qui déchirèrent la France dans les époques postérieures. Le goût de l'étude s'éteignit, et les sciences furent abandonnées pendant un certain temps par le clergé lui-même, qui jusque là en avait été le fidèle dépositaire.

Entre les mains principalement des Juifs et des sorciers, la médecine retombe plus profondément dans la routine aveugle et grossière. La crédulité du peuple donne libre cours à toutes les idées les plus superstitieuses et les plus grotesques, à tout ce qui se rapproche du merveilleux capable de frapper les imaginations.

Toutes les rêveries de la théosophie, l'astrologie, la chiromancie, la sorcellerie, la magie, les signes cabalistiques, les enchantements, les grimoires, les conjurations, les sortilèges, les visions, les philtres, les brevets, les arcans, les talismans, les anneaux magiques, les nombres, les amulettes, les terreurs morales, les maléfices, voilà ce qui guérit les foules.

Nous pouvons citer quelques exemples de ces étranges superstitions, que d'ailleurs on retrouverait encore aujourd'hui dans les mœurs de certaines campagnes :

1° *Contre la fièvre :*

Ne manger ni chair ni œufs à Pâques et aux fêtes solennelles.

Porter en amulette un os de mort.

Enfermer dans un sachet une grenouille verte et l'attacher au cou du malade.

S'entortiller le bras ou le cou avec les ourlets d'un linceul.

Boire trois fois de l'eau puisée à trois puits différents et mêlée dans un pot neuf.

Passer entre la croix et la bannière de la paroisse pendant une procession.

2° *Contre le rhumatisme :*

Faire frapper trois coups d'un marteau de moulin par le meunier ou la meunière, en disant : in nomine patris.....

3° *Contre l'épilepsie :*

Attacher un clou de crucifix au bras de l'épileptique.

Lui faire porter un anneau d'argent ou une médaille, avec les noms des trois rois : *Gaspar, Melchior, Balthazar.*

4° *Contre les verrues :*

Les frotter avec de la bourre ou avec du genêt.

Envelopper des pois chiches ou des cailloux dans un linge et les jeter derrière soi dans un chemin.

5° *Contre le mal de dents :*

Les toucher avec une dent de mort.

Planter un clou dans une muraille.

Demander trois aumônes en l'honneur de St-Laurent.

6° *Contre l'hémorrhagie :*

Saigner du nez sur des fétus de paille en croix.

Mettre dans le dos une clef forée.

7° *Contre les douleurs de la parturition :*

Lier avec la ceinture de l'accouchée, la cloche de l'église en la faisant sonner trois fois.

8° *Contre la pleurésie :*

Courir çà et là dans une église.

9° *Contre le mal de gorge :*

Attacher une branche de prunier dans la cheminée.

Appliquer un soc de charrue au creux de l'estomac.

10° *Contre la gale :*

Se rouler tout nu dans un champ d'avoine.

11° *Contre la toux :*

Cracher dans la gueule d'une grenouille vivante.

12° *Contre les engelures :*

Plonger ses mains dans le fumier, le premier jour de mai.

13° *Contre les maux d'oreille :*

Les toucher avec une main de squelette.

14° Contre le mal de tête :

Se lier les tempes avec une corde de pendu.

15° Contre la jaunisse :

Regarder un loriot, aussitôt la maladie disparaîtra et l'oiseau effrayé d'un tel regard s'envolera incontinent dans la crainte d'être également saisi de la jaunisse !

16° Contre les luxations :

Appliquer sur le membre luxé de l'herbe fraîchement mouillée par un chien !

17° Contre les écrouelles :

Suspendre au cou des racines d'oseille.

18° Contre la sciatique :

Prononcer trois fois les mots suivants : *sista, pista, rista, xista.*

19° Contre l'excès de maigreur :

Nourrir une poule avec de vieilles grenouilles bien grasses, coupées en morceaux et bouillies avec du fro-ment et manger la poule ; mais faire bien attention de ne manger que le membre correspondant à celui que l'on veut engraisser, autrement tout le corps prendrait des dimensions effrayantes.

20° Contre la morsure de la tarentule :

Placer dans un lieu public le malade sur un lit suspendu ; chaque passant fait mouvoir le lit et au centième coup le malade est guéri.

(1 à 14) Curiosités de l'histoire des croyances populaires au moyen âge.

(15 à 18) Œuvres pharmaceutiques, *Jean de Renou.* 1626.

(19 et 20) Les commentaires de maître *Bernard,* provincial de l'école de Salerne, Dr *Georges Bécavin,* les médecins Salernitains.

Bref, il existait une foule de remèdes analogues que certainement le pouvoir de l'imagination pouvait rendre efficaces en certaines circonstances.

L'Ecole de Salerne. — La thérapeutique du Xᵉ au XIIIᵉ siècle.

A partir du Xᵉ siècle, la renommée qui publiait la gloire des institutions arabes et celle de l'*Ecole de Salerne* (1), à laquelle depuis longtemps était réunie *celle du Mont-Cassin* (2), excita l'Emulation dans toute

(1) *Salerne* est une ville d'Italie située dans l'ancien royaume de Naples ; son école de médecine, fondée en 802 par *Charlemagne,* la rendit célèbre. C'était là que se rendaient de préférence les croisés pour y faire soigner leurs blessures L'école de Salerne est encore connue de nos jours grâce à la publication d'un code de santé intitulé l'*Ecole de Salerne,* et qui n'est qu'un mélange de quelques bons préceptes noyés dans une foule de fausses maximes. Cet ouvrage fut écrit en vers latins, vers l'an 1100, par *Jean de Milan* et dédié à *Robert,* Duc de Normandie, fils de *Guillaume le Conquérant. M. Ch. Meaux St-Marc* en a donné une traduction en vers français (1861), en voici un passage :

> Si tu veux de tes ans prolonger la durée,
> Soupe peu ; du vin pur ménage la versée ;
> Marche après ton repas, ne dors point dans le jour ;
> De l'urine et des vents crains en toi le séjour ;
> Chasse loin les soucis ; évite la colère :
> C'est ce qu'écrit Salerne au bon roi d'Angleterre.

Pour guérir les verrues :

> D'urine âcre de chien humecte la verrue.
> Bientôt s'effacera l'excroissance charnue ;
> Résistante, elle veut d'un rat le sang tout chaud ;
> Elle aime aussi le vin, la fiente de chevreau :
> Frotte-la donc longtemps de cet heureux mélange.

(2) Le Mont-Cassin est également situé dans l'ancien royaume de Naples. Il devint célèbre par suite de la fondation, en cet endroit, d'une abbaye de l'ordre des Bénédictins, vers 529.
Les moines de cette abbaye s'occupaient beaucoup de médecine.

l'Europe et de nouveau y fit naître le goût des sciences.
On étudia les ouvrages Arabes, ceux des Grecs et des
Romains qui furent choisis pour guides dans l'enseignement. On commença par faire usage des faits recueillis
par les auteurs anciens, pour se diriger dans le traitement des maladies.

Au XIe siècle, de nombreuses écoles monastiques
furent fondées, et les études reçurent les meilleures
directions.

On multiplia les copies des auteurs pour réparer les
pertes de précieux manuscrits enlevés ou brûlés dans
les pillages et les dévastations des Sarrasins, des Nor-
mands, des Hongrois et des Bulgares.

Le XIIe siècle présente également des traductions,
mais il offre de plus un grand nombre d'ouvrages nouveaux sur la thérapeutique qui tous prônaient la
polypharmacie.

La restauration des écoles et l'ardeur avec laquelle
on les suivit, préparèrent le succès du XIIIe siècle.

L'état prospère de la France, sous les règnes de
Philippe-Auguste et de *Saint-Louis* favorisa puissam-
ment du reste les progrès de la science en général. Elle
sortit alors des monastères. Toutes les grandes villes
eurent des écoles publiques où l'on venait en foule
écouter l'enseignement des maîtres. Longtemps cet
enseignement ne fut qu'oral ; les manuscrits étaient
trop rares pour qu'il en pût être autrement. Bientôt,
maîtres et disciples formèrent des associations. On
appela ces écoles des *Universités*, parce qu'on s'y
livrait à l'étude de toutes les sciences connues. Celle de
Paris fondée sous la protection de *Philippe-Auguste*,
comprit la Faculté de Médecine créée en 1206.

Dès ce moment l'enseignement médical progressa d'une façon remarquable. *Hippocrate* et *Galien* commencèrent à devenir des auteurs classiques.

Le XIIIe siècle vit pour la première fois en France apparaître une foule d'illustres savants. C'est ainsi que la médecine cite avec honneur le nom de *Bacon*, qui écrivit des traités médicaux, et donna notamment des recettes pour retarder les accidents de la vieillesse. A cet effet, on s'étonne d'entendre le père de la science expérimentale et l'adversaire de la méthode spéculative, préconiser principalement la vertu de l'os que l'on trouve dans le cœur du cerf, parce que provenant d'un animal doué d'une longue vie, il devait naturellement, à son avis, jouir de la propriété de prolonger l'existence. Elle cite encore : *Arnaud de Villeneuve*, à qui nous devons la découverte de l'esprit de vin et de l'essence de térébenthine ; *Gilles de Corbeil ; Jean de St-Amand*, etc.

Malgré tout, la thérapeutique ne faisait que peu de progrès. Les sciences accessoires, surtout l'anatomie et la physiologie, qui auraient pu tant aider à son développement, demeuraient dans l'impuissance ; et les traductions imparfaites des Arabes que l'on étudiait sans le contrôle rigoureux de la raison et de l'expérience, ne pouvaient apporter que de fâcheux retards à son avancement.

Il nous sera permis d'avoir une idée exacte de l'état de cette science en passant ici en revue les curieuses recettes du XIIIe siècle, dont nous avons parlé dans notre introduction (1).

(1) Le manuscrit, d'où ces recettes ont été tirées, provient du chapitre métropolitain de Cambrai, il est inscrit à la Bibliothèque Communale de cette ville, sous le n° 351. Ci-joint un spécimen.

4

fiel ce vaut grie fi · ⁊ contre torsion ⁊ cont mentio.

¶A vaine rompue restraindre
benes le jus de plantaï ⁊ de
cresson

¶A celui bra fieure ague
chest retours qui il sue · il
doit boire jus dalixandre
⁊ si prenge eue rose ⁊ leue
che bien ses temples ⁊ son
front · ses mains ⁊ ses jointes pour suer

¶A fieure tiertiane deuant
laceste buues · iij · plantes
de plantein · iij · au mati
⁊ iij · au soir · par · iiij ·
iours se beus faute auoir.

¶A tous maus de cief · ébles
rue auec fort ausil ⁊ oguies
le cief descure

Recettes employées au XIIIe siècle dans le Cambrésis.

1. — *A tous ceus ki ont mengison et ki ont blechié le car et gratison en le teste, prendés le semenche d'ortie ; si le triblés en vin. Le cief en faites bien froter avœc le sablon, et puis prendés jus de cresson avœc craisse d'aue u de chapon, et en faites ongement et si en ongniés souvent le cief.*

Pour tous ceux qui ont des démangeaisons et qui ont blessé leur peau (chair) en se grattant la tête, prenez de la semence d'ortie que vous pilez dans du vin. Faites frotter la tête avec le dépôt, puis prenez du jus de cresson avec de la graisse d'oie ou de chapon, et formez-en un onguent avec lequel vous ferez de fréquentes onctions sur la tête.

(*Nous avons retrouvé les mêmes indications dans* DIOSCORIDE).

2. — *A cele gent ki sont tigneus, raés tout hors, et si prendés fiel de tor, et aisil ensanble destenprét ; et si l'en ongniés, il garira.*

Pour tous ceux qui sont atteints de la teigne, il faut couper les cheveux ras ; prenez du fiel de bœuf bien détrempé dans du vinaigre, et frottez-en la tête ; ils guériront.

3. — *A ceus ki sont placeus, prendés mouskes, et si les metés en .i. nuef pot et les ardés, et si metés avœc jus de cierfueil, et nois petites de bos arses en poure, et miel et oile tout ensamble, si l'en ongniés et li paus i reveura certainement.*

Pour ceux qui sont chauves, prenez des mouches que vous mettez dans un pot neuf pour les brûler ;

mélangez avec du jus de cerfeuil, et des noisettes de bois réduites en poudre, ainsi que du miel et de l'huile, le tout ensemble ; si vous les en frottez, les cheveux repousseront certainement.

(DIOSCORIDE, GALIEN).

4. — *A faire crespe cavalure, prendrés fuelles de fau, cuisiés les bien et longuement ; le cief en lavés mult souvent. Après ferés cet ongement : jus d'amer fuel en oile frit, si vous en ongniés.*

Pour avoir une épaisse chevelure, prenez des feuilles de hêtre ; cuisez-les bien et longtemps, et lavez-en très souvent la tête. Après, vous ferez cet onguent : jus de mille feuilles frit dans l'huile, et vous vous en ferez des frictions.

(GALIEN, LUSITANUS).

5. — *A ieus ki larmient, prendés rue et le fiel d'une cièvre et miel, et soit bien trieblé et batue à une penne. Quant vous irés coucher, le metés en vos iex, si garrés.*

Contre le larmoiement des yeux, prenez de la rue, et le fiel d'une chèvre, ainsi que du miel ; que ce soit bien mélangé et battu avec une plume. Quand vous irez vous coucher, vous mettrez le mélange dans vos yeux, et ils guériront.

(DIOSCORIDE, RUFUS d'Ephèse, AËTIUS). .

6. — *Pour la chachie, ostre : prendés fenoul et arrement et kievrefuel et miel et vin. Triublés tout çou en .i. bachin, puis le coulés parmi .i. drap ; es iex le metés.*

Le celidoine me prendrés, à lait de femme le mellés ; ce garist les iex cachieus.

Pour la chassie, voici un autre remède : prenez du fenouil, de l'armarinte, du chèvrefeuille, du miel et du vin. Pilez le tout dans un bassin, puis passez à travers un drap, et appliquez sur les yeux.

Prenez également la chélidoine que vous mêlez avec du lait de femme ; ce remède guérit les yeux chassieux.

(Dioscoride, Galien, Pline, Lusitanus, Avicenne).

7. — *A tenres eus et a calour, le plantain o aisil triblés. Le jus après fors pressés, et s'i metés l'aubun d'uef. Le lin metés dedens che jus. Quand il ira coucier, vous en plasterés vos iex de çou, et che vaut.*

Contre la faiblesse, et la chaleur des yeux, pilez du plantain dans du vinaigre. Pressez bien le jus, et ajoutez-y un blanc d'œuf. Mettez-y tremper un linge. Au moment d'aller vous coucher, vous en couvrirez vos yeux ; c'est très-bon.

(Thémison, Dioscoride).

8. — *A cheus ki ont tourble veue, prendés fenoul et prendés rue et le fiel de la pietris, et si metés miel. Et si le dégoutés à une penne en vos iex au couchier.*

Pour ceux qui ont la vue trouble, prenez du fenouil, de la rue, le fiel de la piètre, et mélangez à du miel. Laissez-en goutter dans vos yeux avec une plume, au moment d'aller vous coucher.

(Dioscoride, Rufus d'Ephèse, Aétius).

9. — *Encore pour tel cose, prendés le jus de la vervainne et le mellés à lait de feme et si le degoutés en vos iex.*

Encore pour le même mal, prenez du jus de verveine, et mêlez-le à du lait de femme ; vous en laisserez goutter dans vos yeux.

10. — *Se vous i avés le mengue, si prendés rue et calidone et le jus metés en vos iex.*

Si vous éprouvez de la gêne (démangeaison), prenez de la rue et de la chélidoine et vous en mettez le jus dans les yeux.

(DIOSCORIDE, LUSITANUS).

11. — *Contre les seürons de sorchius, .i. œf dur cuit face peler tout caut et à .i. coutiel coper par quartiers et si ait .i. drap linge biel et blanc et le doit metre sur ses iex et puis le quartier del œf si caut k'il porra, et si le tiegne sous les iex. Adont isteront li seüron et pis si escoués le drap es carbons, si orés les seürons coistre.*

Contre les cirons des sourcils, prenez un œuf cuit dur, écaillez le pendant qu'il est chaud et coupez-le par quartiers avec un couteau. Prenez un morceau de linge bien blanc, que vous mettrez sur les yeux, et au-dessus, le quartier d'œuf aussi chaud qu'on pourra le supporter. Alors les cirons sortiront ; puis, si vous secouez le linge sur des charbons, vous entendrez les cirons craquer.

12. — *Vermine i a d'autres manières : es sorcius sunt et es paupières. Le cief lor enfle et mengue. Prendés saulge et airement, et bon aisil ; s'en faites .j. enplastre et metés sus le mal, si garira.*

Il y a d'autres espèces de vermine : ce sont celles qui se tiennent sur les sourcils et sur les paupières. Dans ce cas, la tête est enflée, et l'on éprouve des démangeaisons. Prenez de la sauge, de l'armarinte et du bon vinaigre, et formez-en un emplâtre que vous posez sur le mal ; il guérira.

13. — *Encore vesci autre mechine contre cachie et autre dolour : l'aluisne un petit batés et le metés sour le paupière, et se le tenés longement k'il escaufe. Dormés vous après, si serés waris ains l'endemain.*

Voici encore une autre médecine contre la chassie et autres affections des yeux : écrasez légèrement de l'absinthe, et appliquez-la sur les yeux ; vous la tiendrez jusqu'à ce qu'elle devienne chaude. Endormez-vous après, et vous serez guéri avant le lendemain.

14. — *Vesci un autre contre çou encore : prendés fréses quant elles sont, et miel caut bien escumét ; si les mellés emsanble et coulés le toutes, et si en metés en vos iex, si les arés et biaux et nés.*

Voici encore une autre formule contre le même mal : prenez des fraises lorsqu'elles sont mûres, ainsi que du miel chaud bien écumé ; faites un mélange que vous passez ensuite. Si vous le mettez sur vos yeux, ils deviendront beaux et clairs.

15. — *Contre le mail del œl, fache batre gingembre et cire, purer avœc sanc d'anguille u de fiel ; si soit bien mellet tout ivel u avœc le fiel de la pietris ; si garira.*

Contre les paupières qui collent, faites un mélange de gingembre et de cire, passez avec du sang ou du fiel d'anguille ; que ce soit bien mêlé tout ensemble, ou avec le fiel de la piètre ; cela guérira.

16. — *A pointures des es, prendés foilles de move et si les triblés ; sour la pointure, la serrés, et serés garis tantost.*

Contre les piqûres d'abeilles, prenez des feuilles de mauve que vous écrasez ; appliquez-les bien à l'endroit de la piqûre, et vous serez promptement guéri.

(DIOSCORIDE).

17. — *Se de vous cien avis morsure, prendés rouge*

ortie et la morielle et lait cru ; ensamble soient bien batu et burré. S'en faites ongement, si garira.

Si vous avez été mordu par un chien, prenez de l'ortie rouge, ainsi que de la morelle et du lait non bouilli ; faites en sorte que le tout soit bien battu et façonné comme du beurre ; faites en un onguent qui guérira.

18. — *Se uns chiens erragiés vus mort, bien forte saule destrempés et si en lavés la plaie et après chou prendés le plantain et aigremonne assés et au bun d'œf et miel et viés oint, si garira certainement.*

Si un chien enragé vient à vous mordre, faites macérer une certaine quantité de saule, et lavez-en la plaie ; après cela prenez du plantain et de l'aigremoine en quantité suffisante, un blanc d'œuf, du miel et de la graisse de porc. Vous guérirez certainement.

(DIOSCORIDE, GALIEN, LUSITANUS).

19. — *Pour la morsure de l'araigne, prendés fuelles de raïs. Si les boulés en vin. Quant quit seront, bien les triolés et le metés sour la plaie, et li plaie se tenra ouverte, et si s'en ira li venins. Des fuelles meismes prendés et si les destenprés avœc miel et sour le plaie le metés ; si sanera tantost.*

Pour la morsure de l'araignée, prenez des feuilles de rave que vous ferez bouillir dans du vin. Quand elles seront cuites, écrasez-les bien, et appliquez-les sur la plaie, qui de cette façon se tiendra ouverte pour laisser sortir le venin. Si vous vous servez des mêmes feuilles détrempées dans du miel, et que vous les appliquez sur la plaie, elle guérira de suite.

(DIOSCORIDE).

20. — *Se aucuns est blechiés en l'uel, prendés le jus de l'aigremoigne et l'aubun d'un œf, et si prendés*

un drap linge, si le molie en çou et li metés sour
la paupière ; et se vous n'avez drap, si prendés lin,
ce li vaudra.

Si quelqu'un est blessé à l'œil, prenez le jus de
l'aigremoine et un blanc d'œuf, trempez-y un morceau
de drap mince, et appliquez-le sur la paupière. Si vous
n'avez pas de drap, prenez de la toile ; cela vaudra tout
autant.

(GALIEN, LUSITANUS).

21. — *Pour les glans, le blé prendés, foille et*
racine, tout triblés et si metés l'emplastre sus tout
caut, si garirés.

Contre l'engorgement des glandes, prenez la feuille et
la racine de bléte ; pilez le tout, et appliquez dessus
l'emplâtre bien chaud, et vous guérirez.

22. — *Contre les escroieles, vous une laizardes*
prendés, et si le frisiés en oile et en .j. pot et prendés
l'oile, si l'en ongniés, si garira.

Contre les écrouelles, vous prenez un lézard que vous
faites frire dans l'huile ; mettez cette huile dans un pot.
Si vous en faites des frictions, elles guériront.

23. — *Au buen mal, prendés le cuir d'un cierf, ki*
tout le puist couvrir. Le triacle metés deseure, et
tant que li emplastre i sera, li maus ne croistera plus.

Contre le même mal, prenez le collet de cuir d'un cerf
qui puisse tout couvrir. Mettez dessus de la thériaque, et
tant que l'emplâtre restera appliqué, le mal cessera
d'augmenter.

24. — *Se ongle ciet de piét u de main, prendés*
miel et fleur de froment ; si croistera delivrement.

Si un ongle du pied ou de la main vient à tomber, prenez du miel et de la farine de blé ; il repoussera facilement.

25. — *Contre escaudure, prendés feutre et le faites ardoir et si le triolés en .ij. aubuns d'uef et metés sur l'assure.*

Contre une légère brûlure, prenez du feutre et faites-le brûler ; mélangez-le avec deux blancs d'œuf, et appliquez sur la brûlure.

(DIOSCORIDE, GALIEN, PHILOSTRATE).

26. — *Vesci la garison des vers dou ventre ; prendés merfuel et coumin, aigre vin et aisil et si le cuisiés ensanble et puis tout caut sour .j. drap et sour le nombril le loiés, si garira.*

Voici comment on se débarrasse des vers du ventre ; prenez de la mille-feuilles et du cumin, du vinaigre et du verjus ; cuisez ce mélange, et appliquez-le bien chaud sur un linge, que vous lierez sur le nombril ; cela guérira.

27. — *Pour gleemee oster du ventrail, prendés aluisne avoic rue et luveske et le cuisiés en cervoise, et le bevés tout caut, si serés waris.*

Pour débarrasser le ventre des glaires, prenez de l'absinthe, de la rue et de la livèche que vous faites cuire dans de la bière, buvez-la bien chaude, vous serez guéri.

(MESUÉ, RUFUS d'Ephèse, AÉTIUS).

28. — *Ki veut avoir boine vomité. Des seüs prendés les tenrons ; a un coutiel les raés en eve caude, puis lusés, boine vomité arés tantost.*

Pour celui qui veut un bon vomitif, prenez des jeunes

branches de sureau ; raclez-les dans de l'eau chaude, puis buvez lentement, vous vomirez facilement.

(DIOSCORIDE, LUSITANUS, CONSTANTIN).

29. — *A ceus qui ne puent pissier. Pour le mal de la vesie, prendés la purée de fèves, et si triblés avec mente, o le boin vin blanc u en caude eve, si le bevés.*

Pour ceux qui ne peuvent uriner. Contre le mal de la vessie, prenez de la purée de fèves que vous mélangez avec de la menthe dans du bon vin blanc ou dans de l'eau chaude, et vous buvez.

30. — *Une autre i a. Prendés commin et grumiel et le bevés avec fort vin.*

Il y a encore un autre remède. Prenez du cumin et du grémil que vous buvez avec du fort vin.

31. — *Ki son estal ne puet tenir, prendés ongles de porc et si les ardés en ung feu en poure et puis en metés en sa viande.*

Pour celui qui ne peut retenir ses urines, prenez des ongles de porc et brûlez-les sur un feu de façon à les réduire en poudre, et vous en mettez sur la peau.

32. — *A mol de mamele, faites un emplastre de fiens de coulon, de miel et de cire et le metés sus ; si garira et li enfles et li doleurs.*

Contre le mal au sein, faites un emplâtre de fiente de pigeons, de miel et de cire, que vous appliquez sur le mal ; il se passera, ainsi que le gonflement et les douleurs.

33. — *Ardés corne de cierf et s'en faites pourre par feu et le buletés parmi .i. viel drap. Et si le portés, s'il vous plaist, avec vus, et en metés sus vo viande ; si*

vaura mult. Au premier morsiel, ce vaut contre fi et contre torsion et contre menison.

Brûlez de la corne de cerf, et par le feu faites-en une poudre que vous passez à travers un vieux drap. Portez-en sur vous, si vous le voulez, et mettez-en sur votre peau ; ce remède aura beaucoup d'efficacité. A la première application, on en ressent les effets contre l'inflammation, les coliques et le flux du ventre.

(DIOSCORIDE).

34. — *A vainne rompue restraindre, bevés le jus de plantain et de cresson.*

Pour faire refermer une veine ouverte, buvez du jus de plantain et de cresson.

(DIOSCORIDE).

35. — *A celui ki a fièvre agüe, ch'est recours quant il suë, il doit boire jus d'alixandre et si prenge eve rose, et levèche bien ses temples et son front, ses mains et ses jointes pour suer.*

Pour celui qui a une fièvre aiguë, il est hors de danger quand il sue ; par conséquent, il doit boire du jus de persil sauvage, et prendre aussi de l'eau de roses, ensuite bien frotter ses tempes et son front, ses mains et ses poings fermés, pour transpirer.

36. — *A fièvre tierchaine, devant l'acesse buvés .iij. plantes de plantain, .iij. au matin et .iij. au soir par six, se vous santé avoir.*

Contre la fièvre tierce, buvez avant l'accès une infusion de trois feuilles de plantain, trois le matin et trois le soir, pendant neuf jours, si vous voulez recouvrer la santé.

DIOSCORIDE).

37. — *A tous maux de cief, triblés rue avec fort aisil et ongniés le cief deseure.*

Contre tous maux de tête, pilez de la rue avec du fort vinaigre, et frottez-en le dessus de la tête.

(DIOSCORIDE).

38. — *Encontre tous maus de iex, prendés le rouge limechon, si le cuisiés en iaue, puis prendés le craisse, si en ongniés les iex, quant vous alés dormir.*

Contre tous maux d'yeux, prenez un limaçon rouge et cuisez-le dans l'eau, puis retirez la graisse, et vous en couvrirez les yeux quand vous irez dormir.

39. — *Encore prendés le limechon, si l'ardés sur une tuile et metés le poure et iex quand vous alés dormir.*

Choisissez encore un limaçon, faites-le brûler sur une tuile, et mettez-en la poudre dans les yeux, quand vous irez dormir.

40. — *A iex sangleus, maissiés mente et metés sus et mengiés ieuroisne à en jun.*

Contre les yeux injectés, coupez de la menthe, appliquez-en dessus, et mangez de l'aurone à jeun.

(DIOSCORIDE, LUCITANUS).

41. — *Pour le toie des iex, prendés le fiel dou lèvre et l'oel metés ensamble, si ongniés les iex.*

Pour la taie des yeux, prenez le fiel d'un lièvre et de l'huile que vous mélangez ensemble ; puis couvrez-en les yeux.

42. — *As narines puans, li quel cose vient dou cerviel, vesci medecines ki ja ne fauront : prendés le jus de le mente et de rue, et le metés es narines, si amendera li cerviaus et istera li pueurs.*

Contre la mauvaise odeur des narines qui provient du cerveau, voici des remèdes qui réussiront toujours : prenez du suc de menthe et de rue, et mettez-le dans les narines ; cela calmera le cerveau et fera disparaître la mauvaise odeur.

(DIOSCORIDE, GALIEN).

43. — *Encore prendés le rose, si trivlés et cuisiés en vin avoec un pau de miel et le coulés parmi .j. drap ; si metés es narines.*

Encore, prenez une rose que vous pilez et faites cuire dans du vin avec un peu de miel ; filtrez à travers un linge, et mettez le jus dans les narines.

44. — *Item, faites poure d'escarnes dont li poulet soient issu ; si le souflés es narines souvent.*

De même, pulvérisez l'écaille d'où est sorti le poussin ; insufflez-en souvent dans les narines.

45. — *Pour pueur de bouche, ostre : mengiés poulioel sec, si vous engloutés le cerfuel avec vin d'aisil. Quant vous alés couchier, mangiés souvent fuelles de sau, et lavés vo bouche d'aisil. Buvés poulioel destenprét en vin après mengiés souvent. Encore destenprét poivre de blanc vin caut ; si le tenés en vostre bouche et si est boin pour mauvais dens.*

Pour la mauvaise odeur de la bouche, voici un autre remède. Machez du pouliot sec, ou gargarisez-vous avec du cerfeuil dans du vinaigre de vin. Quand vous allez vous coucher, mâchez souvent des feuilles de saule, et rincez-vous la bouche avec du vinaigre. Buvez souvent du pouliot détrempé dans du vin, après avoir mangé. Ou encore, détrempez du poivre dans du vin blanc, et tenez-le dans la bouche. Ce remède est également bon contre les mauvaises dents.

46. — *A doleur de dens, raés bien le corne de cierf si cuisiés le rasure en vin u en iaue. Si le hamés si caut que vous le poés soufrir. Si le tenés en vo bouche tant qu'il soit refroidiés et puis le metés hors, et reprendés de l'autre tant que serés waris.*

Contre la douleur de dents, râpez comme il faut de la corne de cerf et mettez cuire les raclures dans de l'eau ou du vin. Ensuite, aspirez ce mélange aussi chaud que vous pourrez le supporter, et tenez-le dans la bouche jusqu'à ce qu'il soit refroidi, alors rejetez-le, et reprenez-en tant que vous soyez guéri.

(DIOSCORIDE, PLINE).

47. — *As noires dens, prendés carbon de brankes de vigne, si en frotés les dens, si blankiront.*

Contre les dents noires, prenez le charbon de branches de vigne ; frottez-en les dents, elles blanchiront.

48. — *Pour chou ki li kaviel ne kévissent mie, prendés sekes rachines de colés, si les boulés en clerc fontainne dusques à le moitiet. Si en lavés le cief souvent ou baing.*

Se vous volés avoir doux caviaus, lavés .iij. fois le jour vo cief de rousée de mai.

Pour empêcher les cheveux de tomber, prenez des racines sèches de choux et roulez-les dans de l'eau de fontaine jusqu'à ce qu'elles se ramollissent ; lavez ou baignez-en souvent la tête.

Si vous voulez avoir une douce chevelure, lavez-vous la tête trois fois par jour avec de la rosée de mai.

(DIOSCORIDE).

49. — *Pour lentilleuse face, ongniés le de oile de nois gauges.*

Contre les taches de rousseur de la face, frottez-la avec de l'huile de noix communes.

50. — *Pour dolour del pis, prendés jus d'ysope, miel et blanc vin, si en buvés au soir et au matin.*

Contre les douleurs de la poitrine, prenez du jus d'hysope, du miel et du vin blanc ; buvez-en le soir et le matin.

(DIOSCORIDE).

51. — *Se li hons pert le parole par enfremeté, destemprés alun d'iane, se li metés en le bouche.*

Si un homme vient à perdre la parole par suite d'infirmité, faites dissoudre de l'alun dans de l'eau, et mettez-le dans la bouche.

52. — *Se li hons ne puet dormir, triolés les moures, se li donnés boire le jus, puis caufés l'enplastre, se li metés eutour le cief.*

Si un homme ne peut dormir, écrasez des mûres, et faites lui boire le jus ; puis chauffez le résidu que vous lui appliquez en guise d'emplâtre autour de la tête.

53. — *Escrisiés ces lettres en parkemin en .ij. lius et les loiés sur les .ij. cuises de celui u de céle ki sannera, si laskera : h, b, c, v, o, x, a, g. Et se çou volés esprouver, escrisiés sur .j. coutiel, si en tués un porc, ja n'en istera sanc.*

Ecrivez ces lettres sur du parchemin en deux endroits et liez-les sur les deux cuisses de celui ou de celle qui aura une hémorrhagie, le sang s'arrêtera : h, b, c, v, o, x, a, g. Et si vous voulez en faire l'épreuve, écrivez-les sur le couteau dont vous vous servirez pour tuer un porc ; il n'en sortira pas de sang.

54. — *Pour les pous et pour les lens, triolés le liere,
si laoés dou jus oo cief.*

Contre les poux et contre les lentes, pilez du lierre, et
lavez la tête avec le jus.

(DIOSCORIDE).

55. — *Pour rongne et pour grature, molés racine
d'appe o bure de mai et oiés oint et cuisiés ensamble,
puis coulés parmi .j. drap et ongniés u c'est.*

Contre la gale invétérée et les démangeaisons, mêlez
de la racine d'ache à du beurre de mai et du vieux oing ;
cuisez le tout ensemble, faites passer à travers un drap,
et faites des frictions à l'endroit du mal.

56. — *A femme ki travailli d'enfant, loiés cest escrit
sur le ventre : Maria peperit Christum, Anna Mariam,
Elisabeth eclina remigium sator arepo tenet opera
rotas.*

Pour une femme qui est en mal d'enfants, liez cet
écrit sur le ventre. .   .   .   .
.   .   .   .

57. — *Item, escrisiés le patenostre en .j. hennap
de madre, puis le laoés de blanc vin, puis se li donnés
boire, si enfantera sans péril.*

De même, écrivez le pater-noster en un vase de
marbre que vous laverez avec du vin blanc ; puis faites
boire à la femme qui alors enfantera sans danger.

58. — *Se lait faut une feme, depeciés cristal et en
faites poure ; se li donnés boire aooec lait, si en ara
assés.*

Si une femme n'a pas assez de lait, cassez du cristal
et pulvérisez-le ; si vous lui en donnez à boire avec du
lait, il en viendra suffisamment.

59. — *Se li feme a trop de ses fleurs, prendés de ses caviaus, si les loiés entour .j. vert asbre, quel k'il vous plaist, puis prendés corne de cierf, si l'ardés et faites poure ; se li donnés boire avoec viés vin, sestankera.*

Si une femme a ses époques en trop grande abondance, prenez de ses cheveux, et liez-les autour d'un arbre vert, n'importe lequel ; puis prenez de la corne de cerf que vous faites brûler et réduire en poudre. Si vous lui en faites boire avec du vieux vin, elles diminueront.

(DIOSCORIDE).

60. — *Ki crient à estre ivres, si boive semenche de feneule batue avoec vin.*

Celui qui crie à s'étourdir doit boire de la semence de fenouil mélangée avec du vin.

61. — *Cel ki est ensorcerés, il se doit tous enveloper en une touaile benite et dormir ens ; quant il s'esvellera, si est waris.*

Celui qui est ensorcelé, doit s'endormir complètement enveloppé d'une toile bénite ; à son réveil il sera guéri.

62. — *Cele ki est ensorcelée, boive le diemenche de le benoite eve, auçois que li prestres i meche l'esperge.*

Celle qui est ensorcelée, n'a qu'à boire, le dimanche, de l'eau bénite dans laquelle les prêtres mettent l'aspersoir.

63. — *Pour feme avoir ses fleurs, prendés rachine d'ortie griant ; estampés et metés boulir eu .j. pot avoec vin, si en boive au vespre et au matin.*

Pour qu'une femme ait ses époques, prenez des racines d'ortie-grièche ; coupez-les et faites-les bouillir dans un pot avec du vin ; qu'elle en boive au soir et au matin.

64. — *Ki mal a dedens se nature, si com de cranke u d'escorçure, prendés le jus de seü, savlon et miel cuit en une mesure et pure farine de forment ; che faites espés comme papin et metés sur le mal.*

Pour celui qui a mal dans le corps, comme des crampes ou des écorchures, prenez le jus de sureau, du savon, du miel cuit dans une certaine proportion avec de la bonne farine de froment ; faites une espèce de pâte que vous appliquez sur le mal.

65. — *Ki ne puet tenir s'orine, prenge le cerviel d'un lievre, semenche d'anis et de laitue destemprés de vin ensamble.*

Celui qui a de l'incontinence d'urines, n'a qu'à prendre la cervelle d'un lièvre, de la semence d'anis et de laitue, le tout ensemble détrempé dans du vin.

66. — *Ki est esranés par mauvaises humeurs, boive aloisne en vin et en iaue et meche un pau de miel et de poivre molu, si boive tout ensamble, puis voist coucier.*

Celui qui est étouffé par des mucosités, doit boire de l'absinthe dans du vin ou dans de l'eau ; ou mieux, qu'il ajoute un peu de miel et de poivre moulu et qu'il boive ce mélange avant d'aller se coucher.

(DIOSCORIDE).

67. — *Buvés jus de mente, si esclarcira vos vois.*

Buvez du jus de menthe pour éclaircir votre voix.

(DIOSCORIDE).

68. — *Pour drancle ocire, prendés mie de pain de forment avoec iaue et glaire d'uef et trivlés tout ensamble, si metés sur le mal.*

Pour tuer la filaire (vers), prenez de la mie de pain de froment avec de l'eau et un blanc d'œuf ; faites-en un mélange que vous appliquez ensuite sur le mal.

69. — *Pour drancle desainnaie, metés sus fuelles de colet et drap de cauvene moilliet en iaue.*

Pour faire tomber la filaire de la sanie, appliquez dessus des feuilles de chou, et un linge trempé dans l'eau.

(DIOSCORIDE).

70. — *Contre fièvre tierchainne, prendés .iij. foelles de plantain apriés le fachou dou solel, et triolés avoec iaue benoite puis li donnés boire quant il tranlera.*

Contre la fièvre tierce, prenez, après le lever du soleil, trois feuilles de plantain que vous pilez dans de l'eau bénite, et que vous donnez à boire au malade quand il a des frissons.

71. — *Pour glans oster, faites cendre de tours de colés et destrenprés de miel, si l'en ongniés souvent.*

Pour faire disparaître les glandes, préparez des cendres de trognons de choux, et mettez-les détremper dans du miel. Vous vous en servirez pour faire de fréquentes frictions.

72. — *Quant li hom resde par maladie, destemprés semenche de rue en aisil, si li donnés boire, puis li donnés boire, puis li versés del jus es narines.*

Lorsque quelqu'un tombe en syncope, détrempez de la semence de rue dans du vinaigre, faites lui en boire et versez-en dans son nez.

73. — *Ki n'ot goute, caufés le jus de bétoine ; si le metés es orelles, si ora cler.*

Pour celui qui est sourd, chauffez du jus de bétoine, et mettez-le dans son oreille ; il entendra.

74. — *Pour tignons et malaus, triolés fiente de coulon avoec aisil et metés sur le tieste.*

Contre la teigne et les dartres, mélangez de la fiente de pigeon avec du vinaigre et faites-en des applications sur la tête.

75. — *Pour places et kaviaus faire venir, prendés sansues, si les ardés en poure, fiente, miel et vif argent ensamble ; si ongniés les places.*

Contre la calvitie, et pour faire repousser les cheveux, prenez des sangsues, et faites-les brûler de façon à les réduire en poudre ; faites un mélange avec de la fiente, du miel et du mercure, et vous en frotterez les places dénudées.

76. — *Pour dens faire cair, fait pourre de pétre et de l'iermoise et .j. petit d'aisil si metés entour le dent, tost cara.*

Pour faire tomber les dents ; pulvérisez de la pétrelle, de l'oseille sauvage que vous mélangez à un peu de vinaigre. Si l'on en met autour des dents, elles ne tarderont pas à tomber.

77. — *Pour drancle, prendés fleur d'orge et semenche de lin ; boulés en aisil u en vin, et si metés siu de mouton, çou ocist drancle felon.*

Contre la filaire (vers), prenez de la farine d'orge et de la graine de lin que vous faites bouillir dans du vinaigre ou dans du vin. Ajoutez-y du suif de mouton ; cela détruit la filaire.

78. — *Contre celui ki est ensorcelés, querés li .ij. blans hierens ; si li devés appariller que geline pour menger.*

Pour celui qui est ensorcelé, procurez-lui deux hérons blancs, et apprêtez-les comme on prépare une poule, pour les lui faire manger.

79. — *D'une mechine me ramembre,*
　　Ki sent valoir a mal de membre :
　　La primerole me triblés,
　　Avec oint sur le mal metés.

Je me rappelle un remède qui paraît avoir de l'efficacité contre les douleurs de membres : il faut écraser des primevères et les appliquer sur le mal avec de la graisse.

80. — *Se vous volés savoir se uns hom mora u non, quand il est malades, prendés sen orine et se le metés en un vaisiel, et faites une feme ki nourise un oir malle degouter de son lait ens, se vous vées le lait floter, il mora, et se li lais se melle avec l'orine, si puet bien warir. Et a le feme s'ele est malade, prendés le lait d'une feme ausi com devant ki nourisse une puciele.*

Voulez-vous savoir si un homme malade mourra ou non ; mettez de son urine dans un vase, et faites-y goutter le lait d'une femme qui nourrit un garçon à la noire chevelure ; si vous voyez le lait se maintenir à la surface, il mourra ; mais si le lait se mélange avec l'urine, le malade a des chances de guérir. Si c'est une femme qui est malade, prenez également le lait d'une femme qui nourrit une fille. (1)

_____

(1) On trouve l'origine de cette expérience chez les Indiens. Ainsi les médecins de Malabar remplissent un vase de l'urine du malade et y laissent tomber une goutte d'huile pure : si la goutte s'enfonce dans l'urine et s'y arrête, le malade mourra ; au contraire ils assurent avec confiance, qu'il en échappera, si la goutte d'huile nage sur la surface de l'urine. *Eloy*, Dict. Hist. de la médecine.

La rédaction du recueil dont nous venons de donner quelques curieux extraits, porte bien l'empreinte de la rudesse et de la naïveté qu'offrait la langue romane vulgaire au XIIIᵉ siècle, et on en retrouve encore des traces dans le patois actuel du Cambrésis. Aussi toutes les recettes se ressentent de l'étrangeté de cet idiome, et l'importance médicale de quelques-unes échappe de cette façon à bien des esprits.

Monsieur *Salmon*, ancien élève de l'école des Chartes, qui a fait une étude spéciale de ces recettes au point de vue purement littéraire, les considère comme des remèdes populaires. Mais nous ne pouvons admettre comme populaire que le langage qui a servi à les exprimer. En effet, d'après nos recherches dans les auteurs anciens et dans ceux du moyen âge, d'après le rapprochement de leurs formules avec celles que nous venons d'énumérer, il nous est permis d'affirmer que ces remèdes n'étaient pas uniquement employés par le peuple, mais qu'ils faisaient bien partie de la science thérapeutique des médecins les plus érudits de cette époque. N'avons-nous pas vu *Dioscoride* employer dans les mêmes cas des substances tout à fait analogues. *Galien* lui-même, à côté de recettes semblables en conseillait de bien moins rationnelles encore. *Hippocrate, Pline, Lusitanus, Celse, Sérapion, Mesué, Avicenne, Oribase* et beaucoup d'autres célébrités n'avaient point laissé de meilleures prescriptions. Après de tels maîtres, et à la suite d'une longue période de décadence, que pouvaient donc trouver de mieux les médecins du temps qui n'étaient pour la plupart que d'aveugles imitateurs.

Pour bien juger des œuvres scientifiques, il faut avant tout se mettre à la hauteur de l'état des esprits, du milieu et de l'époque où elles apparaissent.

C'était déjà faire preuve de connaissances assez sérieuses que d'employer contre la faiblesse des yeux, le plantain qui passait anciennement pour être un excellent vulnéraire et astringent, et qui, après les travaux de *Thémison*, a continué longtemps d'être employé dans les affections oculaires ; de se servir contre les piqûres d'abeilles, de la mauve qui est adoucissante ; de conseiller contre les brûlures la millefeuille et le cumin, plantes styptiques et résolutives ; de recommander contre les blessures, l'aigremoine encore employée de nos jours comme astringente. La plupart des plantes : l'absinthe, l'armoise, l'ache, le cresson, le cerfeuil, le chèvrefeuille, la chélidoine, le fenouil, le gingembre, le hêtre, la morelle, la menthe, l'hysope, le pouliot, la rue, etc., ne sont jamais conseillées à contre-temps, mais toujours suivant l'indication de propriétés qu'on leur reconnaît encore aujourd'hui.

A côté de l'utilisation des simples, on remarque combien il est souvent question de frictions, d'applications d'onguents et d'emplâtres. Cette méthode de traitement si employée dans l'antiquité, était tout à fait de mode au moyen âge. C'était par centaines que l'on comptait les diverses espèces d'onguents et d'emplâtres. Partout où il s'agissait de pansement, on voyait figurer ces invariables topiques.

Dans son bel ouvrage sur la chevalerie, Monsieur *Léon Gautier* nous fait voir les mires sur les champs de bataille avec une telle provision d'onguents que l'on ne pouvait les contempler sans rire. Quelque soldat avait-il été blessé, les mires se hâtaient de laver les plaies et de les couvrir d'onguents. Quelque malheureux avait-il un membre cassé, les mires le liaient et lui appliquaient aussitôt un emplâtre qu'ils assujettissaient avec du

linge. Après cela, ils administraient une potion dormi-
tive, et se confiaient pour finir à la bonté du Médecin
céleste qui seul pouvait achever la guérison.

Quelques citations rapportées par le même auteur et
tirées des : « *Remèdes d'après la médecine rudimen-
taire* », nous parlent encore de quelques-uns de ces
onguents et emplâtres.

« Si metent onguement pour li miex chevauchier ».
Doon, de Maience.

« L'emplastre mistrent, les bandiaux ont assis ».
Garins li Loherains.

« Le bras relient, s'ont les emplastres mis ».
Maistre Guerris.

« Puis prist un oigement k'il avoit mervillos ».
Renaus de Montauban.

Dans les traductions que nous avons données plus
haut, l'attention est également attirée sur l'emploi de
certains remèdes tels que la graisse d'oie, de chapon ;
les mouches ; les limaçons ; le fiel de bœuf, de lièvre, de
chèvre ; l'huile de lézard ; ainsi que sur certaines
pratiques superstitieuses.

Tout cela évidemment paraît bien étrange, et l'efficacité
de ces remèdes semble plus que douteuse. Tous les
peuples cependant, et leurs médecins les plus célèbres
que nous avons cités, sont tombés dans ces aberrations.

Dans les siècles qui suivirent le moyen âge, et jusqu'au
commencement même du dix-neuvième siècle, on alla
encore plus loin dans l'erreur, et la thérapeutique tomba
dans les plus grossières exagérations, cherchant, dans
tout ce qu'offrait la nature, à utiliser les parties les plus
répugnantes et les moins utilisables.

Avant de terminer notre appréciation sur le recueil
qui nous intéresse, nous ferons observer qu'il est loin

d'être complet, et qu'une partie des recettes a dû être
égarée ; il est en effet précédé d'une introduction
donnant l'explication de la théorie humorale de *Constantin, Galien* et *Hippocrate.* « *Constentius et maistre
Galiens et Ypocras nous tiesmoignent que cascuns cors
humains est fais de iiij. humeurs, et selonc ses
humeurs ont ils diverses meurs : sanc, fleume, et
rouge cole et mélancolie*..... »

Ce préambule devait, selon nous, s'appliquer à un
traité beaucoup plus étendu que celui que nous venons
de présenter.

L'auteur *Nicolas de Gorram*, moine de la Métropole
de Cambrai, ne nous renseigne pas à ce sujet ; mais, il
est à supposer que ce moine qui tout au moins s'occupait
de médecine, s'il n'exerçait pas la profession de médecin,
a choisi diverses formules de traitement dans des
manuscrits grecs ou latins, et les a traduites en langue
romane rustique pour les faire comprendre à la foule
privée de secours médicaux (1).

Quoiqu'il en soit, ce recueil abrégé constitue au point
de vue médical une grande rareté, car les ouvrages de
thérapeutique traduits en langue romane étaient presque
inconnus au moyen âge. Les autres manuscrits n'étaient
pas plus répandus. On s'en convaincra facilement, en
sachant que la bibliothèque de la Faculté de médecine
de Paris ne contenait au XIIIe siècle, que neuf ouvrages,
qui bien longtemps furent les seuls guides de nos premiers prédécesseurs sur les bancs de l'école de médecine.

(1) Au temps du moyen âge, le manque de médecins pour le
peuple faisait que bien des malheureux restaient sans secours. Les
nobles et les riches avaient pour eux les docteurs de Salerne, des
médecins juifs et arabes ; les serfs et les manants devaient se con-
tenter des sorciers et des sorcières.

La Thérapeutique au XIVe et au XVe siècle. Paracelse et l'Iatro-chimie.

Le XIVe et le XVe siècle n'apportèrent point de nouvelles pierres à l'édifice des sciences thérapeutiques. Au contraire, le succès qu'obtenaient alors l'astrologie judiciaire et les autres parties de la théosophie dont étaient remplis les livres arabes presque seuls consultés, fut un véritable obstacle à l'avancement de l'art de guérir.

On doit pourtant noter à cette époque le commencement des études anatomiques sur les cadavres humains. En 1315, et pour la première fois depuis seize siècles, *Mundini de Luzzi,* professeur d'anatomie à *Bologne,* entreprit de disséquer publiquement deux cadavres.

Dès 1376, les dissections furent autorisées, et c'est ce qui prépara les progrès futurs.

A la fin du XVe siècle, plusieurs évènements contribuèrent à une sorte de renaissance des sciences en France. Ce fut d'abord la prise de *Constantinople* par les *Turcs,* en 1453, qui permit d'introduire dans notre pays tous les manuscrits grecs et latins que cette ville avait conservés. Ce fut ensuite l'importation de l'imprimerie à Paris, en 1470, qui donna le moyen de répandre les traductions des ouvrages anciens.

En 1493, nous voyons apparaître *Paracelse,* une des figures les plus marquantes, mais aussi une des plus étranges de son époque. S'insurgeant contre les dogmes dominants des écoles, il chercha à faire disparaître le vieil édifice de la thérapeutique en renversant la théorie des quatre éléments ainsi que les explications humorales, bases de toute la médecine d'alors.

Après avoir rejeté l'autorité d'*Hippocrate,* de *Galien*

et d'*Avicenne,* il sema dans ses ouvrages des aperçus profonds d'un grand esprit d'observation et des notions plus parfaites du corps humain ; mais il ne put se défendre de l'influence de la magie et de l'astrologie auxquelles le rattachaient ses connaissances en alchimie.

Il admit 5 ordres principaux d'influences morbifiques :

1° L'influence astrale, *(ens astrale)* ;

2° L'influence du mauvais régime, *(ens veneni)* ;

3° L'influence naturelle, *(ens naturale)* ;

4° L'influence spirite, *(ens spiritale)* ;

5° L'influence divine, *(ens Dei).*

Selon lui, le corps de l'homme contenait, outre les principes constituants connus, du mercure, du soufre et du sel ; les maladies résultaient de la corruption ou de la disproportion de ces éléments. Pour rétablir la santé, il fallait par des remèdes minéraux purger le minéral atteint, et c'est ainsi qu'il mit en honneur l'*Iatro-chimie* ou traitement par les procédés chimiques, et qu'il fut le promoteur d'une médecine substitutive des plus énergiques.

Une de ses gloires fut l'inauguration de la méthode analytique destinée à extraire les *arcanes* ou principes actifs des corps. Bannissant de la thérapeutique les formules complexes, les décoctions, les sirops, etc., il les remplaça par des teintures, des essences et des extraits, en un mot par la quintescence (1) des substances médicamenteuses.

(1) « L'idée d'extraire le principe actif d'une substance, qu'on lui donne le nom d'arcane, de quintescence ou de force vive, est l'origine de toutes les découvertes récentes dont chacune a fait la fortune et la gloire de son auteur. La quinine, la morphine, la vératrine, la santonine, etc., sont des couronnes posthumes à déposer sur la tête de Paracelse »,

Bouchut, Hist. de la méd.

C'est à lui qu'on doit la création de la spécificité des remèdes propres à combattre chaque maladie en particulier. Ce fut lui également qui mit en avant cette grande vérité que certains poisons pouvaient être employés avec succès comme remèdes. Par suite, nous lui devons la connaissance des préparations du soufre, des préparations du mercure, que le premier il employa à l'intérieur, de l'arsenic, de l'antimoine (1), du zinc, du fer, du plomb, de l'alumine, des carbonates alcalins et de l'opium.

Il condamna la saignée qui enlève ce qui est le plus nécessaire à l'entretien de la vie. D'après la même manière de voir, il proscrivit aussi les purgatifs.

(1) Aucun Agent thérapeutique ne fut l'objet de tant de controverses que l'Antimoine. Suivant une légende, *Basile Valentin*, moine bénédictin d'Erfurth, isola le premier, en 1510, un métal qu'il administra à des porcs, pour en faire l'essai ; ces animaux engraissèrent à vue d'œil. Après cet heureux résultat, il vint à l'idée de l'expérimentateur d'en faire prendre aux moines de son couvent, ce qui les rendit gravement malades. *Basile Valentin* en conclut que le nouveau métal convenait aux porcs, mais qu'il était nuisible aux moines, et il lui donna le nom d'*Antimoine*. Quelques années plus tard, *Paracelse* reprit l'étude de ce corps et en fit un éloge extravagant. En 1566, le Parlement de Paris, considérant l'Antimoine comme une substance délétère, en interdit l'usage. Vers 1620 fut découvert le *Tartre-Stibié*, qui donna lieu aux plus ardentes discussions. *Renaudot* (en 1653) publia l'*Antimoine justifié* et l'*Antimoine triomphant*. Les détracteurs de ce nouveau remède en furent exaspérés, ils y répondirent par le *Rabat-joie* de l'*Antimoine* que publia *Jacques Perreau*. Le Doyen de la Faculté de médecine : *Guy Patin* lui-même, se mit aussi parmi ses adversaires, et sans vouloir seulement l'expérimenter, combattit l'Antimoine avec sa verve caustique, qui le rendit si célèbre, appelant le Tartre-Stibié : *Tartre-Stygié* comme s'il conduisait sur les bords du Styx, tous ceux qui en prenaient. Enfin l'Antimoine finit par l'emporter, en guérissant le jeune Louis XIV, qui était tombé malade à Calais. Depuis, les Antimoniaux furent admis sans conteste dans la thérapeutique.

Des principaux novateurs dans l'art de guérir du XVIe siècle au commencement du XIXe siècle. — Les Humoristes modernes.

Pour avoir la liste complète des principaux novateurs dans l'art de guérir du XVIe siècle au commencement du XIXe siècle, il faut citer, et tout en premier lieu, les *Humoristes* qui attribuaient la cause des maladies à l'altération primitive des humeurs dont ils déduisaient des caractères nosologiques et des indications curatives. Tout l'art de guérir se bornait à l'évacuation ou à la neutralisation des humeurs peccantes. C'est ainsi que l'effervescence de la bile était combattue par des purgatifs, et son âcreté par des narcotiques ; que les acidités de là lymphe étaient corrigées par des alcalis, des stimulants et des sudorifiques.

Nous avons déjà relaté les traces de l'humorisme dans les temps les plus reculés. Il est représenté ici notamment par *Van-Helmont*, *Sylvius* et *Thomas Willis* qui, à la simplicité de l'humorisme d'*Hippocrate* ont ajouté toutes les hypothèses des notions chimiatriques du temps.

Van-Helmont Jean-Baptiste, naquit à Bruxelles, 1577-1644. A l'exemple de *Paracelse*, il réduisit tout l'art de la médecine aux principes chimiques. Supprimant l'air et le feu des éléments, il n'admit comme cause pathogénique que la terre et l'eau, accordant aux humeurs dont elles sont la source des qualités de fermentation, d'effervescence, de calcination, de coagulation, d'acidité, d'alcalinité et d'épaisissement, qui jouent le rôle principal dans la production des maladies.

Il reconnut l'existence de l'*Archée* ou principe vital, qui suivant sa théorie occupait tous les organes et combattait les maladies. Très exalté et fort ambitieux, il prétendit posséder un remède à tous les maux, mais il ne sut pas lui-même en profiter. Deux de ses fils moururent de la peste ; sa femme et une de ses filles moururent par empoisonnement, et lui-même ne pût venir à bout d'une fièvre lente qui le consuma, malgré l'usage d'yeux d'écrevisses délayés dans du vin !

C'est à lui que l'on doit le traitement de la gale par le soufre et l'emploi de toutes sortes de stimulants pour provoquer l'archée aux crises salutaires.

A côté de ses découvertes de l'esprit de corne de cerf, de l'esprit de sang humain, du sel volatil huileux, on trouve jusqu'à la recommandation d'une ceinture de crapauds autour des reins, contre l'hydropisie ; et celle du sang de bouc contre l'hémoptysie.

Sylvius (François de le Boé) naquit à Hanau, Hesse, 1614-1672. Il fut aussi un des promoteurs de l'humorisme-chimique. Selon lui, les liquides du corps humain ne contiennent que des acides ou des alcalis ; les solides ne sont que des appareils distillatoires ; et les altérations humorales ne consistent qu'en une certaine âcreté, cause générale de toutes les maladies.

Toute sa thérapeutique consistait à donner des médicaments chimiques contraires aux acides ou alcalins qu'il supposait être la cause du mal. Ainsi, par exemple, il prescrivait les purgatifs salins et les boissons acides dans les affections dues à l'effervescence alcaline de la bile ; et il administrait les absorbants dans ce qu'il appelait l'acrimonie de l'estomac, ce que nous faisons encore aujourd'hui. Puis, suivant l'indication, il recommandait la saignée et les dépuratifs choisis parmi les purgatifs, les diurétiques, les diaphorétiques, etc.

Thomas-Willis naquit à Great-Bedwin, 1622-1675. Il fit faire à la médecine de grands progrès dans l'anatomie du cerveau, et s'occupa surtout du traitement de la peste et des maladies contagieuses. Partisan, lui aussi, de la chimiatrie, il ne vit dans les sécrétions, dans les mouvements musculaires et dans la circulation, que des effets analogues à ceux de la fermentation. Sa thérapeutique se bornait à rechercher la modification des humeurs par la fermentation obtenue à l'aide des agents médicamenteux.

Le grand défaut des humoristes chimiques est d'avoir considéré le corps vivant comme un vase inerte. Ils n'ont pas tenu compte, tout d'abord, de l'influence du système nerveux qui accélère, ralentit ou suspend la marche des phénomènes chimiques dans l'économie méconnaissant le mécanisme fonctionnel et les véritables principes du corps humain, ils se sont appuyés sur des altérations humorales imaginaires, introduisant de nouveaux principes non reconnus de nos jours, le soufre, le mercure, le sel, l'arsenic, des substances acides, alcalines, putrides, causes de fermentations et d'effervescences partielles ou générales qui amenaient la maladie. Cette manière de voir ne pouvait amener que les plus fâcheux résultats en thérapeutique, puisqu'elle indiquait exclusivement l'emploi des alcalis, des acides ou de remèdes dangereux, pour empêcher la production de fermentations et d'effervescences qui n'existaient pas. Heureusement, ce système de l'humorisme chimique ne dura que quelques années, et fit bientôt place à un humorisme de plus en plus indépendant et rationnel, à mesure que se produisirent les découvertes de la circulation (1), des vaisseaux lymphatiques (2) et de la lymphe, du chyle, et que les différentes analyses chimiques et microscopiques, aidées de l'observation clinique, donnèrent la composition normale et pathologique des humeurs.

Malgré les reproches que nous pouvons faire aux chimiatres, nous leur sommes pourtant redevables d'un certain nombre de formules chimiques qui continuent d'être employées journellement.

Les Solidistes modernes

En opposition aux *Humoristes* se trouvent les *Solidistes* qui rapportaient toutes les maladies aux lésions des parties solides de l'économie sans tenir compte de l'altération des humeurs.

Ce système revêtit plusieurs formes qui amenèrent dans la manière de traiter des différences absolues.

On compte parmi les Solidistes : *Sanctorius, René Descartes, Alphonse Borelli, Laurent Bellini, Frédéric Hoffmann, Georges Baglivi, Hermann Boerhave, Haller, Cullen, Brown, Pinel, Rasori, Broussais.*

Sanctorius, naquit à Capo-d'Istria, 1561-1636. Excellent observateur, il fit preuve de grande sagacité dans la découverte des maladies obscures. Dans sa réfutation des œuvres de *Pline* et de *Dioscoride* sur les propriétés

----

(1) Ce fut *Guillaume Harvey* qui découvrit la grande circulation, en 1615. La découverte de la petite circulation appartient à *Michel Servet, Realdo Colombo* et *Césalpin.*

(2) Les vaisseaux lymphatiques furent découverts par *Rudbeck* et *Thomas Bartholin*, en 1650. *Gaspard Aselli* avait découvert les vaisseaux chylifères, en 1622.

des plantes, il signala les médicaments incertains et inutiles. Se montrant l'ennemi des empiriques, il s'éleva contre l'abus de la saignée.

La cause des maladies, suivant lui, résidait dans la superfluité des éléments retenus dans l'économie ; et la transpiration qui se fait par les pores offrait alors le plus grand secours que l'on pouvait attendre de la médecine. Il se pesa tous les jours pour surveiller les dispositions de son corps.

Très partisan de la diététique, il blâma les médecins qui prescrivaient trop d'aliments à leurs malades. Malheureusement la trop grande importance qu'il donna à la transpiration, porta les praticiens peu versés dans leur art à abuser de la méthode sudorifique.

René Descartes, né à la Haye en Touraine, 1596-1650, fut l'inspirateur de l'Iatro-Mécanisme, système qui cherchait à tout expliquer par les principes de la mécanique. Il contribua à l'avancement de la médecine par ses idées philosophiques qui ramenaient tout à des lois universelles et à des causes simples.

Alphonse Borelli, naquit à Naples, 1608-1679. Il fut le véritable chef de la secte Iatro-Mathématicienne. Séduit par les progrès que l'apparition des sciences mathématiques avait fait faire aux sciences physiques, il espéra en tirer le même avantage pour la médecine, et soumit au calcul tous les phénomènes de l'économie vivante ; mais il ne réussit à appliquer son système qu'aux parties du corps subordonnées aux règles de la mécanique, c'est-à-dire aux os et aux muscles.

Laurent Bellini naquit à Florence, 1643-1704. Il fonda avec Borelli la secte Iatro-Mathématicienne qui soumettait la médecine aux lois rigoureuses et précises de la mécanique et des mathématiques. Bellini imprima à l'art de guérir une direction fausse, en considérant le corps de l'homme comme un assemblage de rouages unis en vertu des lois de la mécanique et de l'hydraulique.

La médecine serait devenue un art bien facile, si la détermination des remèdes avait pu se faire d'après des calculs rigoureux, partant de formules·exactes et exprimées en chiffres.

Il oublia que l'homme n'est point seulement un composé de matière, mais qu'il subit l'influence d'un principe immatériel n'obéissant pas de la même façon que les corps inertes aux lois de la nature.

Frédéric Hoffmann, naquit à Halle (Saxe), 1660-1742. Fondateur du dynamisme organique opposé au vitalisme, il considéra le corps humain comme une machine dont les mouvements s'exécutent suivant les lois propres à la matière organisée ; le sang par son action circulatoire maintenait toutes les parties du corps dans l'équilibre qui leur convenait. Il expliqua les maladies par l'excès de contraction des tissus produisant le spasme, ou par l'excès de dilatation produisant l'atonie. Sa thérapeutique comprenait les évacuants, les fortifiants, les sédatifs, les spécifiques, la saignée, les bains, etc.

On lui doit un excellent calmant : la liqueur d'Hoffman qui est un éther sulfurique alcoolisé.

Georges Baglivi, né à Raguse, 1668-1707, ne fut pas un doctrinaire systématique. Très érudit, il ramena la médecine à une sage observation de la nature, combattit les doctrines chimiques, et étudia spécialement les propriétés contractiles des parties solides du corps humain. Pour lui, les causes de toutes les maladies consistaient dans le relâchement et dans la tension des fibres primitives de nos tissus. En thérapeutique il se montra franchement naturiste. Il s'occupa de l'usage et de l'abus des vésicatoires.

Hermann Boerhave, naquit à Woorhout près de Leyde, 1668-1738. Médecin très célèbre, il tenta une vaste synthèse de la science médicale ; et, mélangeant le naturisme d'*Hippocrate* aux théories mécano-chimiques, il fit un éclectisme judicieux de toutes les doctrines de ses prédécesseurs.

Il admit des maladies par débilité et relâchement des fibres ; des maladies par excès de force, de rigidité et de tension ; des maladies par excès ou par défaut du mouvement circulatoire ; des maladies par vice simple et spontané des humeurs, tel que l'acrimonie du sang.

On lui doit la théorie de l'obstruction des vaisseaux par suite de tension ou d'atonie des fibres ; cette obstruction amenait différentes inflammations, traitées, en cas de tension, par les saignées, les bains, les émollients ; et en cas d'atonie, par les irritants, les stimulants et les toniques.

Il se guérit d'un ulcère malin, en bassinant la plaie avec un mélange d'urine et de sel. Il fit en chimie une foule d'observations exactes et contribua à l'avancement de la botanique et des agents médicamenteux.

Haller, né à Berne, 1708-1777, créa la médecine physiologique en ramenant tout à l'incitabilité ou pouvoir des corps de se contracter. Pour lui, la force résidait dans la matière.

Il admit trois ordres de parties dans l'être vivant : 1° les parties irritables, c'est-à-dire les fibres musculaires ; 2° les parties sensibles, c'est-à-dire les fibres nerveuses ; 3° les parties élastiques, ou parties non irritables ni sensibles.

Toute sa manière de traiter peut se limiter aux moyens de calmer ou d'augmenter la contractilité.

Cullen, médecin écossais, 1712-1790, ne s'occupa que des nerfs. Pour lui, la santé résultait du bon état de ces organes et la mort n'était occasionnée que par leur paralysie complète. Il admit que les impressions sur nos organes provenaient de modifications du système nerveux, et que l'excès dans ces modifications produisait l'incitabilité, puis le spasme, tandis que leur absence amenait l'atonie. Toute sa pathologie repose sur cet état spasmodique ou atonique. Ainsi l'inflammation était due au spasme des capillaires de la partie qui était le siège de quelque stimulation ; ce spasme provoquait l'action du cœur et la fièvre. Il considérait la faiblesse comme l'état dominant, et il y remédiait par des stimulants et des toniques.

Brown naquit dans le comté de Berwick, (Ecosse), 1736-1788. Il prit pour base de sa doctrine cette proposition : « La vie ne s'entretient que par l'incitation ; elle n'est que le résultat de l'action des incitants sur l'incitabilité des organes. » Toutes les maladies, selon lui, provenaient ou d'un excès de force, *(affections sthéniques)*, ou d'un excès de faiblesse, *(affections asthéniques)*. Mais, comme il pensait que ces dernières affections étaient les plus fréquentes, il recommandait principalement les stimulants.

Rasori, né à Parme 1766-1837, plaçait également les maladies dans l'excès de *stimulus* ou de *controstimulus*. Mais, contrairement à *Brown*, il pensait

que les maladies provenaient surtout d'un excès de
stimulus et conséquemment il prescrivait les contro-
stimulants : l'antimoine et ses préparations, l'acide
nitrique, l'acide sulfurique, l'acide muriatique, l'arsenic,
le mercure, la ciguë, l'aconit, le laurier cerise, la
belladone. Il donnait les médicaments à dose progressive
jusqu'à évacuation, ce qui indiquait que le malade ne
pouvait en supporter davantage ; alors il allait à dose
décroissante.

On a donné à sa doctrine le nom de *Rasorisme.*

Broussais naquit à St-Malo, 1772-1838. Il ne reconnaissait à la matière vivante qu'une seule propriété : la
contractilité mise en jeu par les agents physiques, les
stimulants, les excitants. Si l'excitabilité était trop faible,
il y avait débilité ; si elle était trop forte, l'irritation s'en
suivait ; renfermée dans des limites convenables, il
y avait équilibre et par suite état de santé.

Selon lui, la débilité étant un cas exceptionnel, il ne
voyait dans les affections que de l'irritation. Dans les
parties irritées, les liquides arrivaient en trop grande
abondance, et il se produisait une exagération des actes
de la chimie vivante et par suite de l'inflammation.

Il créa la méthode antiphlogistique qui fut suivie d'une
manière si abusive par ses adeptes. Avec lui, s'épuisè-
rent tous les marais à sangsues de la France !

L'erreur fondamentale des *Solidistes* est de n'avoir
admis que les parties solides du corps, comme siège des
maladies. On est étrangement surpris de les voir
soutenir une semblable théorie, lorsqu'ils étaient à même
de constater que les liquides entrent en une très large
proportion, dans la composition normale du corps, et que
ces liquides, comme l'avaient prouvé les *Humoristes,*

étaient également le siège de bien des troubles physiologiques. Les *Solidistes* ont beau s'appuyer sur les altérations des solides que l'on met à découvert dans les autopsies ; ces altérations sont des états que présente la période ultime des maladies, mais qui n'indiquent nullement quel a été le point de départ du mal. D'ailleurs, à côté des maladies occasionnées par une lésion organique, il y a, par exemple, des névroses sans altérations matérielles ; il y a des diathèses et des maladies organiques latentes, qui ne donnent lieu à aucun trouble de la santé, tels que les athéromes de l'aorte, certains anévrismes, des abcès et des hydatides du foie, certaines tumeurs fibreuses, etc. D'autre part, les altérations des liquides sont également constatables sur le cadavre. On ne peut nier que la plupart des poisons, des venins, des virus, des miasmes, des principes contagieux attaquent les liquides avant que les solides ne soient atteints. Il est certain que le liquide de l'estomac, le suc intestinal, une fois troublés, sont la cause de bien des affections. Il en est de même de la résorption des liquides destinés à être excrétés, tels que l'urine, la bile, etc.

Les médecins qui n'acceptèrent que l'impressibilité comme siège des maladies, telles que l'excès ou le manque de contractilité, le spasme ou l'atonie, etc., mettaient en avant des théories plus ingénieuses que scientifiques et plus faciles à comprendre qu'à prouver.

Les partisans du système iatro-mathématique et mécanique en ramenant tous les phénomènes de la santé et de la maladie aux simples mouvements d'une machine matérielle, méconnaissaient l'existence d'un principe sans lequel il est impossible d'expliquer la vie ; et ils devaient aboutir aux erreurs de tous les systèmes exclusifs.

Mais il faut reconnaître que tous ces systèmes erronés sur beaucoup de points ont cependant concouru au progrès de la physiologie, du diagnostic et de la manière de comprendre certaines maladies. La thérapeutique elle-même en a reçu une connaissance plus approfondie de l'usage des toniques, des excitants, des stimulants, des contro-stimulants, des antispasmodiques, des anti-phlogistiques et de la diététique.

Les Animistes et les Vitalistes

Après les *Solidistes*, apparurent avec *Stahl* les *Animistes*, refusant de rapporter toutes les actions organiques aux simples lois de la physique, de la chimie et de la mécanique, et expliquant les phénomènes de la vie et de la maladie par l'action de l'*âme*.

Ce système n'amena pas de grands progrès dans la thérapeutique, car l'intervention de l'âme dans les productions des phénomènes physiologiques, semblait rendre inutiles les observations et les constatations expérimentales.

Il ne faut pourtant pas oublier de faire remarquer que *Stahl* fut, comme physiologiste, le promoteur de la *théorie du Phlogistique* ou feu latent. Il admettait qu'un principe de combustibilité était disséminé dans les molécules du corps, et que ce principe se dégageait par la combustion. Cette théorie donna lieu à la création des maladies phlogistiques ou inflammatoires avec production d'hypérémie ou de chaleur dans le corps. Tous les médicaments destinés à combattre ces différents états :

la saignée, la diète, l'eau, les acides, reçurent le nom d'*Antiphlogistiques* qu'ils ont conservés.

Les *Vitalistes* de l'école de Montpellier, disciples de *Bordeu* et de *Barthez* qui, comme les animistes, refusaient à la matière seule le pouvoir de produire les phénomènes physiologiques, l'attribuèrent à une force spéciale distincte à la fois de la matière et de l'âme et qu'ils appelèrent le *Principe Vital*.

Bien que leurs considérations fussent purement spéculatives, la thérapeutique leur dut d'être débarrassée de tout le fatras de la polypharmacie qui l'étouffait.

L'homéopathie

Nous ne pouvons terminer l'énumération des principales doctrines thérapeutiques, sans dire quelques mots d'un nouveau genre de superstition médicale, l'*homéopathie*.

Il n'y aurait certainement pas à s'en occuper, si elle n'avait aussi bruyamment prétendu s'ériger en système universel, immuable, infaillible, et si elle n'avait recueilli les suffrages de certaines gens que leur intelligence aurait dû mettre plus à l'abri d'une pareille mystification. « En effet, comme l'a écrit le professeur *Bouchut*, ce n'est pas dans les classes pauvres ou ignorantes de la société qu'elle trouve des adeptes (1) :

(1) Le *D*r *Munaret,* dans son intéressant et savant ouvrage : « *Le Médecin des villes et des campagnes* », nous en laisse deviner l'explication : « Cette variété de médicastres, dit-il, en parlant des fanatiques de la doctrine hahnemanienne, peut obtenir des dupes, à la ville, mais ils ne réussissent pas, dans les campagnes, à capter la crédulité d'un public qui se laisse prendre plutôt par les yeux que par l'imagination. »

ses clients et ses patrons sont justement des personnes riches, éclairées, mais toujours avides de nouveautés, quelles qu'elles soient ; ce sont aussi des gens qui souvent se vantent de leur incrédulité, des esprits forts se riant du merveilleux et des miracles. Ces personnes ne croient pas au surnaturel, mais elles croient, avec l'homéopathie, qu'un novemdécillionième de silice ou de charbon végétal, trituré d'une certaine façon, a des propriétés thérapeutiques plus puissantes qu'un caillou ou qu'un gros morceau de braise. » (1).

Samuel Hahnemanne (2), l'auteur de cette fiction, prétendit que les substances les plus propres à guérir une maladie, étaient justement celles qui produisaient chez l'homme bien portant les symptômes de cette maladie. Le quinquina, par exemple, guérissait de la fièvre, parce qu'il la provoquerait chez un homme sain. La belladone ferait disparaître la scarlatine, parce qu'elle amène une éruption semblable à celle de cette exanthème. A l'axiome : *contraria, contrariis, curantur*, il opposa l'axiome : *similia, similibus, curantur*. Selon lui, deux maladies semblables ne peuvent exister au même degré dans un organe, et la maladie *artificielle* qu'on fait naître avec les médicaments, détruit la maladie *spontanée*. La maladie artificielle disparaît à son tour, comme par enchantement, en cessant le médicament qui la produit. Pour arriver à ce résultat, il suffit d'administrer les médicaments à des doses *infinitésimales*, par la raison qu'exerçant immédiatement leur action sur l'organe malade, ils n'ont besoin que de bien peu de force pour agir suffisamment. D'après ce principe,

(1) *Bouchut*, histoire de la médecine.

(2) *Hahnemanne (Samuel)*, naquit à Meissen, Saxe, 1755-1843.

on administre des quartillionièmes, des quintillioniè-
mes.... des nonidécillionièmes parties d'une goutte de
certains médicaments en en mettant une goutte dans
cent gouttes d'eau, puis une goutte de ce mélange dans
cent autres gouttes, et ainsi de suite jusqu'à la trentième
atténuation. Que l'on se figure ce que peut produire cette
dernière goutte, puisque l'on n'a déjà plus que la
dix-millième partie d'une goutte à la seconde dilution !
Aussi les homéopathes proclament-ils sans hésiter la
parfaite innocuité de leurs médicaments, et c'est avec des
armes aussi ridiculement inoffensives qu'ils prétendent
combattre les maladies aiguës qui peuvent compromettre
immédiatement l'existence. Non contents de cela, et
voulant rendre leur médication aussi agréable que
bénigne, ils rejettent, d'une façon absolue, les vomitifs
et les purgatifs, les emplâtres et les vésicatoires, les
sangsues et la saignée, les cautères et les moxas.

Pour *Hahnemanne*, il n'y a pas de maladies, il n'y a
que des malades et des symptômes. Il ne s'occupe
aucunement des causes morbifiques qui s'évanouissent
toujours, *dit-il*, avec les effets de la cause artificielle du
médicament. Avec lui, pas n'est besoin de connaissances
anatomiques, physiologiques et pathogéniques ; inutile
même d'avoir recours aux lumières du diagnostic ; la
simple notion des phénomènes extérieurs de la maladie
est suffisante. Un malade vomit, par exemple ; il faut
combattre le vomissement. Mais ce phénomène se
présente dans des affections souvent bien différentes ;
n'importe, on combat le vomissement sans souci de la
cause.

« C'est ainsi qu'un homme éminent, occupant, il y a
quelques années, un poste élevé dans le gouvernement
de son pays, a payé de la vie sa foi dans l'homéopathie.

Cet illustre personnage, atteint de hernie étranglée, se
mit tout à coup à vomir de la bile, puis des matières
jaunes, liquides, stercorales ; il fit appeler un médecin
homéopathe, qui administra des globules contre le
vomissement. Mais ces infiniment petits ne produisaient
pas de soulagement, et, dans un état désespéré, le
malade fit appeler un chirurgien. A peine celui-ci eût-il
examiné les matières rendues, qu'il devina la nature du
mal, et portant son examen sur l'abdomen, il découvrit
une hernie étranglée. Malheureusement, l'étranglement
avait duré si longtemps, que le mal en était arrivé à un
point où toute opération était inutile. Sa mort fut la
conséquence de cette erreur. » (1).

D'enthousiastes partisans de la nouvelle doctrine
allemande ont eu la prétention d'établir des statistiques
comparatives pour faire valoir les résultats de leur
méthode. Mais du moment que, ne s'attachant qu'aux
symptômes des maladies, ils ne reconnaissent pas
l'utilité d'en rechercher les causes et de faire un diagnostic précis, sur quelles bases et sous quel contrôle peuvent
s'appuyer ces statistiques ?

Nous ne ferions que répéter ici ce que nous avons dit
sur l'empirisme ancien, que l'homéopathie a de beaucoup
surpassé. N'avons-nous pas vu que le même symptône
reconnaissait une foule de causes, réclamant un traitement
différent ; que des affections latentes amenaient la mort
sans symptômes apparents. Où trouver, dans l'homéopathie, des remèdes contre ces derniers cas ? D'autre
part, ne savons-nous pas que la maladie est toujours
désignée sous le même nom, quel que soit le degré de sa

(1) *Bouchut*, histoire de la médecine.

gravité ; ne savons-nous pas qu'il est aisé même de faire passer pour des maladies dangereuses les plus simples affections. Que d'embarras gastriques guéris sous le nom de fièvres typhoïdes ! Que de simples accidents nerveux pris pour des méningites aiguës ; que d'angines pultacées confondues avec la diphthérie, de pleurodynies avec la pleurésie ! Beaucoup de maladies enfin présentent des symptômes dont le malade est loin de soupçonner la signification ; mais un médecin plus soucieux d'une fausse réputation que de son honorabililité, peut à loisir en tirer parti pour se créer une vogue menteuse qu'accréditera partout le malade subitement guéri d'une affection, dont on lui avait fait redouter la fausse gravité.

Il faut cependant, pour être impartial, reconnaître que l'homéopathie n'est pas sans compter des succès ; tous les systèmes en comptent à leur actif. Il est de ces maladies que dissipe tout simplement la nature, aidée de la diète, du repos et de quelques boissons rafraîchissantes. Dans ces sortes de cas, l'expectation suffit, et l'homéopathie avec ses globules et ses teintures inertes, n'est rien autre qu'une expectation déguisée.

Dans certaines circonstances, les effets de l'imagination, imprimant à l'organisme un mouvement intime, suffisent pour dissiper certaines douleurs ou pour guérir quelques névroses.

« Une dame du haut monde, Mme de B..., se sentant souffrante, fait venir son docteur, un homéopathe, et demande une potion qui la guérisse assez vite pour lui permettre d'aller le soir au bal.

« Le docteur écrit son ordonnance ; la femme de chambre va chercher la potion et la remet au mari, qui, goûtant peu ce genre de médication, trouve plaisant de jeter le contenu de la bouteille et de le remplacer par de l'eau filtrée.

« Madame boit, se trouve beaucoup mieux et va le soir au bal. Le docteur y était justement ; il frappe M. de B... sur l'épaule.

« — Eh bien ! incrédule, lui dit-il, nierez-vous encore les effets de notre médecine ? M. de B..., riant aux larmes, lui raconte sa supercherie.

« — Hé ! mon Dieu ! fait l'homéopathe, vous n'aurez pas rincé la bouteille, voilà tout ; une goutte suffisait (1) ».

L'exposition la plus succincte de la méthode d'*Hahnemanne* suffit pour en montrer les contradictions et l'absurdité. Que penser du reste de celui qui, renversant l'ancien adage : *potest minùs, quod potest majus*, vient s'écrier : *potest majus, quod potest minùs ;* et qui plus est, dans ses écrits, accuse du crime de lèse-humanité, tous ceux qui ne sont pas de son avis ! Il n'est pas possible de croire un novateur ne considérant comme remèdes que les substances qui ne peuvent être des instruments de santé qu'à la condition d'être des instruments de maladie, et qui pour guérir les maladies doivent absolument produire des affections semblables, lorsque de son propre aveu, la nature n'en produit jamais.

Aussi, la plupart des homéopathes, laissant aux empiriques purs la véritable doctrine d'*Hahnemanne,* n'ont-ils conservé de ce système que le nom ; et les plus sensés d'entre eux savent parfaitement s'adresser, dans le traitement de la plupart des maladies,

(1) *F. Magnard.*

à toutes les sources rationnelles qu'indiquent le bon sens, l'expérience et une solide instruction. Nous n'en voulons pour preuve que l'aveu de l'un de leurs auteurs : « *Il se présente des affections auxquelles tout médecin éclairé doit opposer, au besoin, les ressources de toutes les méthodes* » (1).

Conséquences de la divergence des systèmes. Remèdes bizarres tirés du règne animal

La divergence de tous les systèmes que nous venons de rapporter fut une cause d'erreurs innombrables, et jamais peut-être l'esprit humain ne tomba-t-il au point de vue de notre art, en de plus profondes aberrations.

Pour s'en convaincre, il suffit de consulter les pharmacopées et les ouvrages de thérapeutique des temps modernes (2). Tous, ils contiennent une foule de

---

(1) *M. le Dr T. Oriard*, l'homéopathie mise à la portée de tout le monde.

N^{lle} ÉDIT : 1891.

(2) 1. *Sérapion*, Practica dicta Breviarium. Liber de Simplici medicina dictus circà instans. *Venetiis*, 1497.

2. *Simon de Gênes*, Clavis Sanationis. Expositio glossæ marginalis ad Alexandri iatri libros medicinales. *Lugduni*, 1504.

3. *Valérius Cordus*, Dispensatorium Pharmacorum omnium quæ in usu potissimum sunt. *Norimbergœ*, 1535.

4. *Jehan Gœurot*, Docteur en médicine et médicin du Roy, l'Entretenement de vie. *Paris*, 1541.

5. *Avicenne*, Liber Canonis, de Medicinis cordialibus. *Venetiis*, 1544. — De removendis nocumentis quæ accidunt in regimine Sanitatis. *Venetiis*, 1547.

6. *Myrepse Nicolas*, Medicamentorum opus, in sectiones quadraginta octo digestum. *Bâle*, 1549.

recettes grossières et ridicules qui ont été en usage jusqu'au commencement de notre siècle.

C'est principalement dans la partie de la‘ matière médicale qui traite des animaux que l'on rencontre des excentricités plus ridicules encore que certaines imaginations des anciens.

On en vint à utiliser :

Les punaises, les mouches, les moucherons, les cantharides, les coccinelles, la calandre des blés, le

7. *Mesué J.*, de re medicà. *Lugduni*, 1560.

8. *Fernel*, Universa Medicina. *Paris*, 1564.

9. *Jacques Sylvius*, Tabulœ Pharmacorum. *Antuerpiœ*, 1568.

10 *Jérôme de Monteux*, Conservation de santé et prolongation de la vie, (traduction de Cl. Valgelas). *Paris*, 1572.

11. *Fernel*, Therapeuticus universalis seu medendi rationis. *Francfurti*, 1574.

12. Le Jardin de Santé translaté de latin en françoys. *Paris*, 1590.

13. *Meysonier*, La Pharmacopée accomplie. *Lyon*, 1606.

14. *Jean-Jacques Wecker*, Le grand thrésor où Dispensaire et Antidotaire tant général que spécial ou particulier des remèdes servans à la santé du corps humain. (Traduction française de Jean Du Val). *Genève*, 1609.

15. *Abraham de la Framboisière*, conseiller et médecin du Roy, Œuvres. *Lyon*, 1609.

16. *J. Renodœus*, Institutionum pharmaceuticarum libri quinque; de materià medicà libri tres. *Francfurti*, 1631.

17. *J. Faber*, Insignes curactiones variorum morborum, etc. *Argentorati*, 1632.

18. *A. Bœthius de Boot*, Germarum et lapidum historia, 1636.

19. *Jean de Renou*, conseiller et médecin du Roy à Paris. Les œuvres Pharmaceutiques. *Lyon*, 1637.

20. *David de Planis-Campy*, chirurgien du Roy. Œuvres. *Paris* 1643.

21. *Philebert Guybert*, Le médecin charitable. *Paris*, 1644.

hanneton, la cochenille, les bombyx, les sauterelles, les cigales, les grillons, les buprestes, les abeilles, les araignées, les fourmis et leurs larves, les cloportes, les chenilles, les vermisseaux, les vers de terre, les limaces, les escargots, les grenouilles, les crapauds, les huîtres, les écrevisses, les vipères, les hirondelles, les coqs, les poules, les pigeons, les passereaux, les alouettes huppées;

La cervelle de coq, de poule, de passereau, de chauve-souris, de lièvre ;

La tête de lézard, de salamandre, du milan, de chat ;

Les poumons d'agneau, d'ours, de porc, de renard ;

Le foie de grenouille, de perdrix, de hérisson, de loup, de renard, d'âne, de chèvre, de bouc, de sanglier ;

22. *Alexis Piémontois,* Les Secrets de médecine. *Paris,* 1649.

23. *Jean Liébaut,* Quatre livres des secrets de médecine, 1654.

24. *Erresalde,* Nouveaux secrets rares et curieux donnés charitablement au public. *Paris,* 1660.

25. *Mme Fouquet,* Recueil de recettes. *Lyon,* 1674.

26. *Charas,* Pharmacopée Royale galénique et chimique. *Paris,* 1691.

27. *P. Pomet,* Histoire générale des drogues. *Paris,* 1694.

28. *Nicolas Lémery,* Pharmacopée universelle. Traité universel des drogues simples. *Paris,* 1697.

29. *Emery,* Nouveau recueil des plus beaux secrets de la médecine pour la guérison de toute sorte de maladies. *Paris,* 1740.

30. *Hoffmann,* Observations physiques et chimiques dans lesquelles on trouve beaucoup d'expériences curieuses et des remèdes très efficaces. *Paris,* 1754.

31. Codex medicamentarius, seu pharmacopœa pariensis, ex mandato facultatis médicinœ edita. *Paris,* 1758.

32. *B***,* Dictionnaire de Santé. *Paris,* 1770.

33. *Cullen,* Traité de matière médicale. *Paris,* 1789.

34. *Alfred Franklin,* La vie privée d'autrefois, les médicaments. *Plon, Paris,* 1891.

7

Le cœur de l'alouette, de corbeau ;

Les intestins de loup ;

Les cornes de cerf, de buffle, de rhinocéros, de licorne ;

Les cornes de pieds d'âne, d'élan, de bœuf, de chèvre ;

Les dents d'éléphant, de sanglier, de loup ;

Les ossements humains ;

L'os que l'on trouve dans le cœur de cerf ;

La moelle de cerf, de bœuf, de bouc ;

Le sang humain, le sang d'oie, de canard, de hibou, de ramier, de tourterelle, de pigeon, de perdrix, de lézard, de lièvre, de chevreau, de bouc, de chien, de taureau ;

La graisse humaine, la graisse d'oie, de chapon, de poule, de canard, de bœuf, de bouc, de chevreuil, de cerf, de lion, d'ours, de renard, de chameau, d'éléphant, de chat, de chien, d'anguille ;

L'excrément humain, la fiente d'oie, de pigeon, de cigogne, de vautour, d'âne, de cheval, de chien, de bouc, de brebis, de bœuf, de sanglier, de chameau, d'éléphant, de rat, de souris, de lézard ;

Le fiel de poule blanche, d'aigle, de perdrix, de taureau, de brebis, de chèvre, de chevreuil, d'ours, d'hyène, de tortue ;

L'urine d'homme, de femme, d'enfant, de chameau, de bœuf, de chien et de chat ;

La peau d'anguille et de couleuvre ;

Les écailles de poissons, les mâchoires de brochets, les coquillages, le cuir, les ongles, les plumes, les poils, la salive, la sueur, la cire, la laine, le castoréum, le musc, la civette et jusqu'à la mumie que l'on continuait de falsifier comme au temps de Dioscoride (1).

Les Anglais se servaient d'une petite mousse verte appelée *Usnée* que l'on recueillait sur des têtes de mort ; ce remède sans doute ne devait être employé que dans les cas extrêmes.

Il semble que les apothicaires du temps dussent être doués d'une puissance prodigieuse de résistance au dégoût pour pouvoir conserver chez eux toutes ces substances répugnantes ; et l'on se demande avec horreur ce que devait être l'arrière-boutique, autrement dit, le laboratoire, où l'on recueillait les matières premières destinées à la préparation des poudres, des onguents, des pommades ou graisses, des eaux distillées et des huiles.

Jean de Renou, qui écrivait vers 1607, nous apprend que si « les apothicaireries » ne possédaient rien pour flatter l'odorat, elles avaient au moins tout ce qu'il fallait pour charmer les yeux. Les médicaments en effet étaient conservés dans des boîtes couvertes de grossières pein-

---

(1) Veut-on connaître le prix de quelques-uns de ces intéressants produits ?

La fiente de chien (album græcum) se vendait 8 deniers la 1/2 once ; les ongles d'élan, 30 sols, le gros ; la graisse de vipère, 10 sols, le gros ; la graisse d'ours, 10 sols, le gros ; un crapeau sec, 2 sols, 8 deniers ; les dents de sanglier, 1 sol, 4 deniers le gros ; l'emplâtre de grenouilles, 2 sols, la 1/2 once ; les mâchoires de brochets, 3 sols, la 1/2 once ; les poumons de renards préparés, 8 sols, la 1/2 once ; le sang de bouc préparé et pulvérisé, 1 sol 4 deniers, la 1/2 once ; l'os de cœur de cerf, 2 sols 8 deniers, le gros ; où donc les apothicaires s'approvisionnaient-ils pour vendre ces fameux os de cœur de cerf à si bas prix ? Comme de nos jours il fallait surtout se méfier des falsifications ! *(Un tarif pharmaceutique officiel en 1759, Metzger.*

tures, représentant « des figures joyeuses et frivoles, comme de harpyes, satyres, oysons bridez, lièvres cornus et aultres telles painctures contrefaictes à plaisir pour exciter le monde à rire.... »

Parmi les remèdes les plus usités nous voulons citer :

L'eau de tortue, de perdrix ou de chapons, contre la phthisie.

L'eau de serpents, contre la ladrerie.

L'eau distillée de sang humain, contre la goutte.

L'eau de fiente humaine, contre les fistules, les rougeurs, les obscurités des yeux.

La même eau prise en breuvage, contre l'épilepsie, l'hydropisie, etc.

L'huile d'os humain, contre les douleurs articulaires.

L'huile d'excréments d'enfants, contre la teigne.

L'huile de scorpions, contre les venins.

L'huile de fourmis pour faire uriner.

L'huile de briques ou des 44 vertus (composée de briques ou de tuiles fraîches pilées et mélangées à de l'huile d'olive, contre les plaies, crevasses, fissures, ulcères, morsures, etc.

La graisse d'oie, contre la goutte.

(JEAN LIÉBAUT).

L'urine de chat, contre la surdité.

La fiente humaine, contre l'inflammation des plaies.

La fiente de chèvre appliquée en cataplasme sur le ventre, contre l'hydropisie.

La fiente de brebis appliquée avec du vinaigre, contre les clous et les verrues.

.La fiente que rendent les chiens durant les jours caniculaires, prise dans du vin ou de l'eau, contre la diarrhée.

La fiente d'âne et de cheval autant crue que brûlée et incorporée à du vinaigre, contre le flux du sang.

La fiente de cigogne prise dans de l'eau, contre l'épilepsie.

Les vers de terre bouillis dans de la graisse d'oie, contre les douleurs d'oreilles.

Les limaces appliquées sous forme de cataplasmes sur le front, contre le saignement du nez.

Le fiel d'ours, contre l'épilepsie.

Le fiel de tortue, contre l'amygdalite.

Le fiel de chèvre, contre l'obscurité de la vue.

(WECKER).

Le cœur de la tourterelle avalé tout chaud, contre les fièvres intermittentes.

L'araignée enfermée vive dans une coquille de noix et portée au cou, contre la fièvre quarte.

Le toucher d'une dent de taupe vivante, contre le mal de dents.

(SONNET DE COURVAL).

La cervelle de lièvre, pour faire sortir promptement les dents des enfants.

Le poumon de renard contre la phthisie.

Le foie de loup contre les maladies du foie.

Le fiel de perdrix pour aiguiser la vue.

Le jus d'oignon mélangé à du miel, contre l'ulcère de la cornée.

(JEAN DE RENOU).

Le poil de lièvre brûlé, appliqué sur les plaies, pour en arrêter le sang.

La cendre d'hirondelle contre les crampes d'estomac.

Les cendres de vieilles chaussures, contre les meurtrissures des talons.

La poudre de limaçon contre les coliques.

La poudre de fiente de souris mélangée à du jus de plantain, bien sucré, contre l'hémoptysie.

La poudre de cornes de vache, détrempée dans de l'eau de plantain contre les hémorrhagies.

La poudre de mouches dans du vin, contre tout venin.

La cervelle de chat ou de chatte, contre les ulcérations de la gorge.

La cervelle d'une corneille, contre les maux de tête.

La salive humaine, contre les démangeaisons des dartres.

Le sang de vieux coq, en friction sur les gencives, contre le mal de dents des enfants.

Le foie de perdrix contre l'épilepsie.

La graisse de serpent pour fortifier la vue.

(ALEXIS PIÉMONTOIS).

Le sang de lièvre contre les éphélides.

La fiente de pigeon broyée dans du vinaigre et appliquée sur le nombril, contre la diarrhée.

La graisse d'anguille contre la surdité.

(ERRESALDE).

La fiente du paon contre l'épilepsie.

Le sel de cloportes et de vers de terre contre la goutte.

Les cendres d'abeilles, pour faire repousser les cheveux.

L'huile de fourmis contre la surdité.

Le crapaud entier desséché, tenu dans la main, ou sous l'aisselle, ou derrière l'oreille, pour arrêter le saignement de nez.

La tête de vipère pendue au cou pour guérir l'esquinancie.

Le cerveau de la vipère pendu de même au cou, afin de faire pousser les dents aux enfants.

La graisse de vipère, contre la goutte, les fièvres épidémiques, la plupart des maladies des yeux, toutes les tumeurs dures et invétérées.

(CHARAS, FRANKLIN).

Ce reptile était un remède des plus à la mode.

Le 20 octobre 1679, madame de Sévigné écrivait à sa fille : « Madame de Lafayette prend des bouillons de vipère qui lui donnent des forces à vue d'œil. »

Et ce n'est pas là un engouement momentané, car six ans après, le 8 juillet 1685, elle écrit à son fils : (1) « C'est aux vipères que je dois la pleine santé dont je jouis et que je ne connaissais plus depuis des temps si funestes pour moi. Elles tempèrent le sang, elles le purifient, elles rafraîchissent. Mais il faut que ce soient de véritables vipères en chair et en os, et non pas de la poudre ; la poudre échauffe, à moins qu'on ne la prenne dans de la bouillie ou de la crême cuite, ou quelque autre chose de rafraîchissant. Priez M. de Boissy de

(1) *Franklin*.

vous faire venir dix douzaines de vipères de Poitou, dans une caisse séparée en trois ou quatre, afin qu'elles y soient bien à leur aise, avec du son et de la mousse. Prenez-en deux tous les matins ; coupez-leur la tête, faites les écorcher et couper par morceaux, et farcissez-en le corps d'un poulet. Observez cela un mois, et prenez-vous en à M. votre frère, si M. de Grignan ne redevient pas tel que nous le souhaitons tous. »

... Un remède encore très répandu, était l'essence d'urine « extrait de l'urine de jeunes gens qui boivent du vin ». Il guérissait l'apoplexie, l'épilepsie, les convulsions, etc. ; mêlé au Baume tranquille, c'était un remède souverain contre les vapeurs. Nous retrouvons Madame de Sévigné qui en faisait usage. Le 13 juin 1685, elle écrivait à sa fille : « Pour mes vapeurs, je pris huit gouttes d'essence d'urine, et contre son ordinaire, elle m'empêcha de dormir ; mais j'ai été bien aise de reprendre de l'estime pour elle, je n'en ai pas eu besoin depuis. » (1).

Voici encore quelques indications de remèdes puisées dans les ouvrages de thérapeutique les plus connus de l'époque.

Contre les taies des yeux :

« Prenez escargotz et les lavez huit foys en eau, et les faictes distiller en chapelle (alambic). Puis prenez fiante de lisarde (lézard), corail rouge et sucre candy, et avec ladicte eau, faictes les encores distillés ; puis soir et matin en mettez une goutte dedans l'œil. »

(J. Gœurot).

<hr />

(1) *Franklin.*

Contre le hoquet :

« Est convenable tenir souvent et longuement son haleine, se faire esternuer, fort travailler, endurer soif et longuement dormir. Aussi est bon geêter eau froide contre la face de celuy qui ha le hocquet, luy faire paour (peur), donner crainte, le courroucer ou induyre à tristesse. Car par ces choses, la chaleur naturelle révoquée au dedans est fortifiée ».

(J. GŒUROT).

Contre la jaunisse :

« Prenez lombricz de terre autrement dit achées, et les lavez en vin blanc, et les feites sécher ; puis en donnez une petite cueillerée avec vin blanc ».

(ID.).

Contre la goutte :

« Prenez une oye grasse, qui soit plumée et nettoyée du dedans, puis chottons bien nourriz, hachez bien menus avec sel commun ; et soient rostiz à petit feu. Et ce qui sera distillé soit retenu pour faire onction ».

(J. GŒUROT, FRANKLIN).

Pour faire belle face :

« Prenez un jeune cigognat qui n'ait encore volé, et lui ostez les entrailles, et dedans le corps mettez une once de camphre et une dragme de ambre fin et le mettez distiller en séparant trois eaux selon leurs couleurs ; et la dernière est très bonne ».

(ANDRÉ LE FOURNIER, FRANKLIN).

Contre la colique :

« Est souverain remède de plonger tout le patient en huile ou à tout le moins jusqu'aux reins ».

(JÉRÔME DE MONTEUX).

Pour se garantir de la morsure de toute beste sauvage :

« Il se faut lier un dyamant au bras senestre ou se pendre de l'armoise au col, ou s'oindre le corps de graisse de lion, ou porter sur soy le cœur d'un vaultour ».

(JÉRÔME DE MONTEUX).

Pour fortifier la vue :

« Les choses qui confortent la vue sont l'usage de tourterelles, perdrix et petits oiselets. Item, regarder en un bon mirouer bien net et bien clair. Pour faire que les yeux des petits enfans soient de couleur vert gai, bruslez avellanes (amandes) et les incorporez avec huile en forme de liniment, et de ce leur oignez la teste ».

(JÉRÔME DE MONTEUX, FRANKLIN).

Pour oster la douleur, guarir les gouttes ou podagres :

« Prens un petit chien né d'une chienne braque, qui ait ouvert les yeux depuis peu de temps, et qu'il soit le plus gras qu'il sera possible, et le pèle comme un cochon, et luy oste les entrailles par le costé ; puis prens des orties pilées avec deux onces de souffre, quatre moyeux (jaunes d'œufs), et quatre onces de tormentine, et incorpore tout ensemble, et le mets dedans le corps du petit chien en cousant diligemment l'ouverture, de peur que cette composition ne sorte ; puis le fait rostir à feu tempéré, et amasse la graisse qui en sortira, et en oings les podagres ; car cela donnera grand allégement à tout spasme et douleur et même guaryson de tout le mal ».

(DOM ALEXIS PIÉMONTOIS).

Contre la morsure de chien enragé :

« Prens des cheveux d'homme, et les mouille en fort

vinaigre blanc, et les mets ainsi sur la morsure, pulvérisant dessus des cendres de aneto, et le continuë ainsi par quatre jours, il guarira ».

(ALEXIS).

Contre l'affaiblissement de la vue :

« Donne à manger tous les matins du fenoil doux à un enfant, puis fait que le dit enfant lesche les yeux à celuy qui aura mal, et guarira incontinent ».

(ID.).

Contre la tache de l'œil :

« Prenez du fiel d'un coq blanc, broyez-le avec eau, et en mettez aux yeux, et il ostera la tache, consommera les gouttes de sang estans aux yeux, et fortifie la Veuë ».

(ID.).

Contre la douleur des yeux :

« Prenez le poumon d'un chevreau tout chaud, comme on le tire du corps, et le mettez sur les yeux du malade, la douleur disparaîtra ».

(EMERY).

Contre l'enflure des genoux :

« Prenez de la fiente de vache, du grain de froment et du vinaigre, mêlez-les ensemble et faites-les bouillir ; puis vous l'appliquerez chaudement sur la partie malade qui dessenflera immanquablement ».

(ID.).

Contre l'épilepsie :

« Prenez de la farine de froment que vous paitrirez avec de la rosée cueillie au matin du jour de la Saint-Jean. Faites-en un gâteau, lequel étant cuit, vous en donnerez au malade, et il guérira ».

(ID.).

Contre la fièvre quarte :

« Les mouches cantarides enveloppées de toiles d'araignée et pendues au col du malade, guérissent parfaitement le malade atteint de fièvre quarte ».

(EMERY).

Contre la fièvre tierce :

« Si l'on prend les yeux de grenouilles en vie et qu'on les attache pareillément au malade devant le soleil levé, la fièvre tierce disparaît ».

(ID.).

Contre la fièvre des enfants :

« Deux gros concombres placés auprès d'un enfant à la mamelle ayant la fièvre en attirent l'ardeur ».

(ID.).

Contre la colique :

« Si l'on met un canard en vie sur le ventre de la personne malade, les tranchées passent promptement et le canard meurt ».

(ID.).

« Les crottes de souris desséchées et réduites en poudre subtile, données au poids de cinquante grains dans deux cuillerées d'eau-de-vie canellée et un peu de sucre appaisent très promptement la colique ».

(ID.).

Contre la migraine :

« Il faut prendre la tête d'une corneille, la faire cuire sur les charbons ou autre part ; étant cuite, vous prendrez la cervelle et la mangerez ; il n'y a point de douleur de tête qu'il ne fasse cesser ».

(Mme FOUQUET).

Contre le cancer ulcéré :

« Prenez un crapaud tout vif sans luy couper quoy

que ce soit, et l'appliquez immédiatement sur la playe, et vous le laisserez 24 heures ; quand vous l'ôterez, il faut prendre garde s'il est mangé ; car s'il est mangé, c'est un témoignage que le cancer est mort ; et pour lors, vous panserez la playe avec l'onguent noir ».

(Mme FOUQUET).

Contre les morsures d'animaux enragés :

« Prenez un hareng salé et nouveau tout cru, contusez-le dans un mortier, jusqu'à ce qu'il vienne comme de la pâte, que vous appliquerez en forme de cataplasme sur la morsure ; continuez cette application pendant trois jours ».

(ID.).

Contre la faiblesse des nerfs :

« On la guérira aisément par l'usage du baume suivant :

Prenez des feuilles d'hysope,
— de romarin,
— de thym,
— de baume,
— de lavande,
— de laurier, de chaque une poignée,
Des grains de genièvre,
Des vers de terre, de chaque quatre onces,
Quatre petits chiens nouveau-nés.

Coupez les petits chiens par morceaux, hachez les herbes et les vers de terre, concassez les grains de genièvre et faites bouillir le tout sur un petit feu dans un pot, pendant demi-heure, avec demi-livre de beurre frais, autant d'huile d'olive et autant de graisse humaine, et un quarteron de cire jaune, passez cet onguent avec une forte expression, battez-le bien ensuite jusqu'à ce qu'il soit froid : on le fait chauffer quand on veut s'en servir ».

(DICTIONNAIRE DE SANTÉ).

Contre la rage :

« Employer la poudre dite de *Palmarius*, composée des feuilles de rue, de sauge, de verveine, de bétoine, de mélisse, de plantain, de millepertuis, de petite centaurée, d'absinthe, d'armoise, de polipode, de chaque un gros. En prendre un gros quand la morsure est récente, et trois gros quand elle est sèche. Recommandez en même temps les yeux d'écrevisses, les écailles d'huîtres prises en omelette, à la dose de deux ou trois gros par jour ».

(ID.).

Pour cette maladie, les panacées étaient innombrables. Un traité attribué à *Albert de Bollstadt*, au début du XVIᵉ siècle, affirme « que la dent d'une jument mise sur la teste d'ung homme enragé le garit incontinent ». Le remède classique était l'envoi du malade à la mer, pourvu qu'il pût y être plongé neuf jours au plus après l'accident.

Gui Patin, ancien doyen de la Faculté, écrit le 1ᵉʳ février 1657 : « On envoye au bain de la mer ceux qui sont mordus d'un chien réputé enragé ; mais quand ils le sont tout à fait, il n'est plus temps. Il n'y a plus de remède, il faut les estouffer dans leur lit à force de couvertures, ou bien on leur fait avaler une pilule de six grains d'opium tout pur, afin qu'il n'en soit plus parlé ». A la fin du XVIIIᵉ siècle, les enragés, portés à l'Hôtel-Dieu, étaient placés dans la salle des fous (1). On les conduit aujourd'hui à l'Institut Pasteur.

(1) FRANKLIN.

Nous trouvons dans un Dictionnaire médical et pharmaceutique du milieu du XVIIIᵉ siècle une foule de formules dans le genre de celles-ci :

Le cœur de l'alouette huppée, lié sur la cuisse, empêche la colique ; l'alouette rôtie ou calcinée avec sa plume produit le même effet.

L'ongle ou la corne du pied de l'âne est le substitut de la corne du pied d'élan contre le mal caduc : la prise est de demi-dragme tous les jours durant un mois : le crâne en poudre fait le même effet.

La poudre de fiente d'âne, séchée à l'ombre et attirée par le nez en forme de tabac, en arrête l'hémorrhagie.

Le fiel de bœuf est spécifique pour la surdité et pour le bourdonnement des oreilles.

L'urine appliquée avec de la myrrhe apaise les douleurs des oreilles.

Le fiel de brebis, reçu sur de la laine et appliqué sur le nombril des petits enfants, leur lâche le ventre.

La tête d'un chat noir, réduite en cendres, est un remède sans pareil contre les taches, taies, ongles et autres affections semblables des yeux ; on en souffle trois fois le jour dans la partie.

Un chat ouvert vivant, après lui avoir coupé la tête et appliqué tout chaud, soulage les douleurs de côté.

Le chien appliqué vif sur le ventre fait passer la colique. La goutte même passe au chien lorsqu'il léche la partie affligée. La graisse de chien n'a point sa pareille dans la phthisie : on la mange sur du pain en forme de beurre.

Les cataplasmes faits avec des cloportes récemment écrasés sont utiles contre l'esquinancie.

La poule noire, coupée vive par le milieu, s'applique utilement toute chaude sur la tête dans la phrénésie, la céphalalgie, le délire, etc.

La poudre de crapauds desséchés, mélangée à du sucre, est excellente contre l'hydropisie. On peut en donner jusqu'à trois ou quatre fois, pourvu qu'on mette trois ou quatre jours d'intervalle entre chaque prise, à cause de la violence du remède.

La cendre de grenouilles calcinées dans un pot arrête l'hémorrhagie du nez et des plaies (1).

Le nid d'hirondelle est spécifique contre l'esquinancie et l'inflammation des amygdales ; on en fait un cataplasme en la manière suivante : Prenez un nid d'hirondelle comme il se trouve plaqué, avec les petits s'il y en a, pilez le tout, faites-le cuire, puis passez-le par un tamis pour en faire un cataplasme qu'il faut appliquer sur la région de l'inflammation.

Le pigeon vif coupé par le milieu et appliqué chaud sur la tête, après l'avoir rasée, tempère les humeurs effarouchées, dissipe la mélancolie et la tristesse.

Le beurre d'écrevisses est un remède singulier contre la phthisie ; on le prépare en pilant des écrevisses dans un mortier avec du beurre frais (2).

Nous trouvons dans la pharmacopée de *Nicolas Lémery* publiée également au XVIIIe siècle et l'un des ouvrages les plus consultés, une foule de prépara-

(1) La grenouille était considérée comme un insecte aquatique.

(2) Dictionnaire Botanique et Pharmaceutique contenant les principales propriétés des minéraux, des végétaux et des animaux d'usage. — Le tout tiré des meilleurs auteurs, surtout des modernes. Par ***. Rouen. Imp. Vᵉ Pierre DUMESNIL.

tions curieuses, mais analogues à toutes celles que nous venons de citer.

Il donne la formule de 148 électuaires, de 206 sirops, de 273 sortes de pilules, de 204 poudres, de 31 baumes, de 5 cataplasmes, de 117 emplâtres, de 129 onguents, parmi lesquels :

L'onguent de chat, qui se préparait avec un petit chat nouveau-né que l'on coupait par morceaux et que l'on mettait dans un pot vernissé avec des vers de terre.

De 357 eaux, entre autres :

L'eau de mille fleurs, qui n'était rien autre que l'urine de vache nouvellement sortie de l'animal, on en buvait tous les matins deux ou trois verres. Elle était propre pour la goutte, pour les vapeurs.

De 134 huiles, dont une des meilleures était *l'huile de petits chiens*, recommandée contre la sciatique, la paralysie, pour fortifier les nerfs, etc., et dont voici la formule : Prenez deux petits chiens nouveau-nés. On les coupera par morceaux, on les mettra dans un pot vernissé avec une livre de vers de terre bien vivants... faites bouillir pendant douze heures jusqu'à ce que les petits chiens et les vers soient bien cuits (1).

Il est curieux de constater combien l'on cherchait à utiliser de préférence les différentes parties du chien. Déjà du temps d'*Ambroise Paré*, les préparations tirées de cet animal étaient fort en vogue, comme le prouve le récit rapporté par cet habile chirurgien lui-même lorsqu'il était attaché au service du maréchal de Montéjean dans la campagne du Piémont :

(1) *Nicolas Lémery, Franklin.*

« Lorsque nous entrâmes à Thurin, il se trouva un chirurgien qui avoit le bruit par dessus tous de bien médicamenter les arquebuzades, en la grâce duquel je trouvay moyen de m'insinuer, et luy fis la cour près de deux ans et demy, auparavant qu'il me voulut déclarer son remède, qu'il appeloit son baume. Cependant M. le maréchal de Montéjean, qui estoit demeuré lieutenant-général du roy en Piedmont, mourut ; adonc je remonstray au chirurgien que je m'en voulois m en retourner à Paris, et le suppliay qu'il me tint promesse de me donner la recette de son baume : ce que volontairement il fit, attendu que je lui quittois le pays. Il m'envoya quérir deux petits chiens, une livre de vers de terre, deux livres d'huile de lys, six onces de térébenthine de Venise et une once d'eau-de-vie ; et en ma présence, il fit bouillir, les chiens tout vivants en la dite huile, jusqu'à ce que la chair laissast les os ; et après mit les vers qu'il avoit auparavant faict mourir en vin blanc, afin qu'ils jettassent la terre qui est toujours contenue en leurs ventres. Estant ainsi vuidés, les fit cuire en la dite huile, jusqu'à ce qu'ils devinssent tout arides et secs ; alors fit passer le tout par une serviette, sans grandement en faire expression : cela fait y adjouta la térébenthine, à la fin l'eau-de-vie et appela Dieu à témoin que c'estoit son baume, duquel il usoit aux playes faictes par arquebuses et autres qu'on prétendoit suppurer, et me pria de ne divulguer son secret. »

Les résultats de l'*huile de chiens* étaient à peu près tous sinistrement marqués du signe négatif ; aussi plut-il un jour à sa majesté le roi Charles IX, à celle de la reine sa mère, à M. le Prince de la Roche-sur-Yon, à plusieurs autres princes et grands seigneurs, de demander au consciencieux Ambroise comment il advenoit qu'en ces dernières guerres, la pluspart des gentilshommes et soldats blessez de coups d'arquebuses et autres instruments, mourroient sans y pouvoir aucunement remédier, ou à bien grand peine relevoient de leur maladie, ores que les playes par eux reçues fussent de bien petite apparence, et que les chirurgiens appelez pour leur guérison y employassent tout leur devoir et scavoir. »

L'illustre chirurgien était trop confiant, et surtout trop modeste ; il ne se doutait pas que son esprit d'observation et de sagacité valait mieux que tout le savoir empirique, qu'il recueillait, avec une telle persévérance, des illustres médecins de la nation la plus éclairée de l'époque.

Remèdes tirés du règne minéral

En même temps que l'on utilisait les substances fournies par les animaux, on tirait un parti assez considérable des minéraux. Du treizième au dix-neuvième siècle, on ne cessa d'attribuer des vertus remarquables à une foule de pierres, particulièrement aux pierres précieuses, qui en raison de leur rareté ne pouvaient que produire des cures merveilleuses. On en préparait des poudres pour être prises en boisson ; ou bien, on se contentait de les porter au bras et au cou ; ou bien encore on les appliquait sur les organes malades.

Les auteurs des différentes pharmacopées sont tous d'accord pour vanter les surprenants effets de l'agate, de l'améthyste, de la chrysolithe, du diamant, de la dolomie, de l'émeraude, du grenat, de l'hyacinthe, du lazulite, de la sardoine, de l'onyx, du rubis, des perles, de la sanguine, du saphir, de la topaze, de la turquoise, du jaspe, du gypte, du corail, de l'ambre, du cristal, de la crapaudine, de la chélidoine ou célidone, du bézoard, des briques, du sable, de la terre sigillée, du bol d'Arménie, de la pierre d'aimant, de la pierre-ponce, de la pierre d'éponge, de la pierre de poisson, de la pierre de serpent, de la pierre de croix, de la pierre hystérique, de la pierre néphrétique, de la pierre de sang, de la pierre d'aigle, de la pierre de cheval, de la pierre de loup marin, de la pierre de perche, de la pierre de brochet, de la pierre de lamantin, de la pierre de cayman, du marbre.

L'*Agate* pendue au cou, est souveraine contre les morsures de scorpion ; broyée et étendue sur la plaie, ou prise en breuvage, elle est efficace contre la morsure de la vipère.

(WECKER).

Elle chasse les vers, est bonne contre l'éclampsie, conforte la vue et calme la soif.

(ID.).

Elle fortifie le cœur, rend l'homme agréable et plaisant.

(EUAX).

L'*Améthiste* rend l'homme vaillant, éloigne les mauvaises pensées et excite le jugement.

(ARNAULT).

Elle absorbe les acides en trop grande quantité dans l'estomac.

(NICOLAS LÉMERY).

« Si tu metz la pierre amatiste sur le nôbril elle empesche la vapeur du vin et oste ébriété et délivre l'homme de contagie. »

(JARDIN DE SANTÉ, TRADUCTION DE CITATIONS D'ARISTOTE).

À cause de sa propriété d'empêcher l'ivresse, *Belleau* représente dans une fiction Bacchus amoureux de l'améthyste, faisant cette ordonnance :

> Je veux à l'advenir que ceste pierre fine,
> Nourrissant dedans soy ma colère divine,
> Teinte de mes couleurs, engarde son porteur
> De jamais s'enyvrer de ma douce liqueur,
> Attirant les vapeurs qui d'haleines fumeuses
> Vont troubler le cerveau de passions vineuses.
> Puis je veux qu'elle rende agréable et gentil,
> Sobre, honeste, courtois, d'esprit prompt et subtil,
> Celuy qui dans le sein la portera célée,
> Ou dessus le nombril estroitement collée. (1).

La Chrysotithe « fait acquérir sapience et fuir folie. »

(ALBERT DE BOLLSTADT).

Le Diamant chasse la peur, la mélancolie, récrée l'esprit, donne de l'assurance et fait gagner les procès. Il a surtout la propriété d'attirer les corps étrangers de l'œil.

(WECKER).

La Dolomie « tenue soubz la langue, selon les magiciens fait dire les choses advenir : mais que le jour soit veue à la 6e heure au temps que la lune croist. »

(JARDIN DE SANTÉ).

L'Emeraude guérit les vertiges, l'épilepsie ; fortifie la vue, augmente la mémoire, délivre de la lèpre, enlève les tourments de l'esprit ; fait deviner les choses,

---

(1) *Belleau Rémy,* poète célèbre, né à Nogent-le-Rotrou, 1528-1577.

si on la tient sous la langue ; neutralise toutes sortes de
venins, éloigne les loups-garous.

(WERKER).

Les grandes dames en mettent ordinairement au cou
de leurs enfants pour les préserver du haut-mal.

> Sa couleur rassemble et rallie
> La force des yeux affoiblie
> Par trop longs et soudains regards,
> En repaissant de flammes douces
> Les rayons mornes, las ou mousses
> De nostre œil, quand ils sont espars.
> En poudre elle guarist les morsures
> Des serpents, et toutes piqueures
> D'aiguillon qui poingt et qui cuit.

(BELLEAU)

Le Grenat réjouit le cœur de l'homme et enlève la
tristesse.

(CONSTANTIN ET ALBERT LEGRAND).

« Porté ou avalé nuict au cerveau, esmeut le sang et
provoque à colère. »

(JEAN DE RENOU).

L'Hyacinthe « faict doulcement et seurement dormir. »

(JEAN CORBICHON).

« Pendue au col, si vous entrez aux lieux infectés vous
n'en serez point offensé. »

(RODOLPHE LE MAISTRE).

« Elle défend du foudre et de la peste. »

(CARDAN).

Cette pierre entrait dans la fameuse confection d'hyacinthe :

Pierre d'hyacinthe,

Corail rouge,

Terre sigillée,

Bol d'Arménie,

Graines d'escarlatte,

Racines de tormentille,

Dictame,

Grains de citron,

Safran,

Myrrhe,

Santal blanc,

   id. citrin,

   id. rouge,

Os de cœur de cerf,

Corne de cerf râpée,

Râclure d'ivoire,

Semences d'oseille,

   id.   d'euphorbe,

   id.   de pourpier,

Saphir,

Topaze,

Perles,

Emeraude,

Soie crue,

Feuilles d'or,

   id.   d'argent,

Musc,

Ambre gris.

« La confection d'hyacinthe est grandement recommandée pour la guérison des maladies du cœur, et des
autres parties nobles : car elle fait terminer en peu
de temps toute syncope et toute palpitation de cœur,
resiouyt la faculté vitale, fait avoir le souffle doux et
agréable, emporte toute mélancholie et tristesse provenant de quelque cause occulte, soulage manifestement
ceux qui sont atteints de quelque maladie vénéneuse,
ou contagieuse que ce soit. »

(JEAN DE RENOU).

Le Lazulite ou *Lapis-Lazuli* « estant porté, non-
seulement il fortifie la veue, mais aussi tient alègre le
cœur ; estant lavé et préparé comme il faut, il purge
l'humeur mélancholique sans aucun danger. Que si
j'estois superstitieux, je croirois avec plusieurs autres
escrivains qu'il rend aimable, riche et bien heureux celuy
qui le porte ; mais passe, je n'en crois rien. »

(ID.).

L'Onyx, « quant on la porte pendue au col ou à son doigt elle esmeut la personne à tristesse et paour. »

(Jean Corbichon).

Le Rubis « est grandement cordial et résiste à toute pourriture et venin. »

(Jean de Renou).

> Le rubis tant il est céleste,
> Chasse les frayeurs de la nuit,
> Repousse et destourne la peste,
> Et l'air infecté qui nous nuit :
> Met le resveur en allegresse
> Ennemy mortel de tristesse,
> Prépurgeant en toute saison
> L'homme de la mélancholie,
> Sur l'asseurance que sa vie
> Ne se peut noyer de poison.

(Belleau).

Les Perles « sont grandement cordiales et propres à resjouir le cœur.

> Eprouves-tu du cœur défaillance subite ?
> Avale en poudre fine une perle réduite.

(Ecole de Salerne).

Voilà pourquoy les alchymistes font une certaine liqueur qu'ils appellent liqueur de perles, avec laquelle ils promettent merveilles pour la guérison de plusieurs maladies, encore que le plus souvent tout leur fait ne soit que fumée, vanité de charlatanerie. Un certain barbier que j'ay cogneu autre-fois en ceste ville de Paris, appelé par un malade pour luy appliquer deux sangsues, fut si impudent de demander six escus d'or, pour sa peine, disant qu'il avoit nourry ces deux sangsues d'aucun autre aliment que de la seule liqueur de perles par l'espace d'un mois entier. »

(JEAN DE RENOU, FRANKLIN).

La Sanguine incorporée à du miel modifie les cicatrices et les inégalités des yeux. Mélangée à du lait de femme, elle est souveraine contre les ophthalmies ; prise dans du vin elle est excellente contre la dysurie.

(WECKER).

La Sardoine « boute hors luxure cestuy qui la porte, et le fait chaste et humble. »

(JEAN CORBICHON).

« Rend courageux les plus timides, préserve des enchantements et des maléfices. »

(JEAN DE RENOU).

Le Saphir « fait l'homme à Dieu dévot et pur. »

(ALBERT LE GRAND).

« Réconforte le cueur et le met en lyesse. Quant il est mis sur le temple (tempe), il estanche le sang qui yst (coule) du nez. »

(JEAN CORBICHON).

« Guérit les ulcères des intestins. ».

(JEAN DE RENOU).

« Trempé dans de l'eau et promené sur l'œil, en chasse les ordures et les corps étrangers. »

(WECKER).

Pierre la plus précieuse
Qui se trouve dans le sein
De la terre plantureuse,
Qui les corps vains et débiles
De sueur ou de chaleur
Rend prompts, dispos et habiles
En leur première vigueur.

Qui sous un air empesté
Contregarde la santé
Tant la force est souveraine.

(Belleau).

La Topaze rend une poussière fort utile aux maladies
des yeux.

(Wecker).

« Vault contre frénésie et contre la mort soubdaine. »

(Jean Corbichon).

« Estant portée, tient la personne joyeuse et l'empesche de tomber en folie. »

(Jean de Renou).

« Est propre pour arrêter les cours du ventre et
les hémorrhagies étant broyée et donnée par la bouche. »

(Nicolas Lémery).

La Turquoise « réconforte la veue et engendre
lyesse en la personne. Selon la disposition de celuy qui
la porte, elle paroist plus vifve ou plus blesme ».

(De la Framboisière).

Si son porteur devient malade,
Elle devient malade aussi ;
S'il porte couleur jaune ou fade,
Elle a le teint morne et transi :
Quelquefois mesme se crevace
Perdant les beautés de sa face,
Le turquin et le lustre beau
Qui farde l'honneur de sa peau,
S'imprimant, tant elle est humaine
De son porteur l'affection :
S'il est sain, la Turquoise est saine.
Malade, elle est en passion.

(Belleau).

Le Jaspe a la propriété d'arrêter les hémorrhagies.

(WECKER).

On lui attribue de grandes vertus pour fortifier l'estomac, pour faire sortir la pierre du rein, si on le porte attaché à quelques parties du corps ; mais on ne doit ajouter foi à ces sortes d'amulettes qu'autant qu'ils soulagent sans crainte d'un mauvais effet.

(NICOLAS LÉMERY).

Le Gypse jouit des mêmes propriétés que le Jaspe. On a l'habitude de le mélanger avec du blanc d'œuf, de la farine et des poils de lièvre pour le rendre plus facile à administrer contre les flux du sang.

(WECKER).

Le Corail a une vertu astringente et réfrigérante ; il conforte l'œil et arrête le larmoiement, fait disparaître les ulcères, arrête les crachements de sang, enlève la douleur d'estomac et l'empêche quand il est posé directement sur la bouche. Broyé et mis dans la cavité d'une dent gâtée, il la fait tomber sans douleurs ; il fortifie les gencives.

(WECKER, AVICENNE).

L'Ambre calme les spasmes et les attaques de nerfs. On a coutume de mettre autour du cou des enfants un collier d'ambre qui passait pour favoriser l'évolution dentaire et pour prévenir les convulsions.

Le Cristal mis sous la langue réprime la soif. Réduit en poudre très fine et pris avec du vin blanc, il est efficace contre la dysenterie ; il fait venir une grande quantité de lait aux nourrices.

(WECKER, NICOLAS DE GORRAM, RECETTES CAMBRÉSIENNES).

La Crapaudine, pierre qui se trouve dans la tête des

vieux crapauds ! guérit les ulcères, les pustules occasionnées par les bêtes venimeuses et attire au dehors toutes sortes de venins.

(WECKER).

La Chélidoine, Célidone, *pierre d'hirondelle*, présente deux variétés, la rousse et la noire. « La pierre Célidone rousse enveloppée en ung drap de lin ou cuyr de veau et portée soubz lesselle senestre est dicte valloir contre insanie et sorcenerie et aussi contre les langueurs anciennes ou la passion lunatique. Et pareillement le hault mal appelé épilencie ainsi comme dit est portée. Euax dit que elle rend celluy qui la porte faconde, bien parlant aggréable et plaisant. Et la noire, ainsi que dict Joseph, œuvre (opère) contre les humeurs nuysables et fièvres et ires et courroux. Et lavée en eaue guérit les yeulx. Les pierres sont moult petites, en avons veu de telles extraictes de l'estomach des arondeaulx du moys daoust par noz compaignons : car elles sont ainsi que on dit meilleures quand elles sont adonc extraictes et souvent tout trouvées deux ensemble en une arondelle.

La rousse guérit les lunatiques et les languissans et les forcenez quant elle est lyée en ung drap linge nect et lyée au bras senestre du malade, et aussi elle fait ceulx qui la portent très aggréables, bien parlans, facundes, amyables et ydoines. Et semblablement la noire portée donne très bonne fin à celluy qui la porte. Et est ydoine et proffitable côtre toutes yres, i courroux des roys i princes et pour les appaiser. Car celluy qui l'aura sera plaisant à tous et si parfera toutes choses à son arbitre et volunté : Mais à celluy a qui les yeux deullent est broyée avec eaue, et en font oingez, i ils guérissent : Mais quant on oste les pierres de iceulx petits arondeaulx,

il fault eschever, i garder que le père ou la mère ne
soyent près : car elles aurôt meilleur effet. »

(LE JARDIN DE SANTÉ).

Le *Bézoard* est une concrétion calcaire formée dans
l'estomac de quelques animaux tels que le bouc, la
gazelle. Le meilleur vient d'Orient, mais il est d'une
grande rareté et considéré comme un médicament très
efficace contre les maladies éruptives et pestilentielles,
les virus, etc. « Toutes fois il ne s'y faut point fier, si
elle n'est esprouvée, d'autant que les charlatans suppo-
sent souvent des drogues falsifiées, pour les vrayes.
Pour en faire l'espreuve, on baillera du poison à deux
chiens, puis on fera avaler quant et quant à l'un des
deux, quelque peu de ceste pierre en poudre : s'il advient
qu'il demeure sain et sauve, et que l'autre qui n'a point
prins d'antidote meurt, on sera asseuré que la pierre est
bonne, autrement non. »

(DE LA FRAMBOISIÈRE).

On le suspend au cou comme une amulette protectrice
de tous les maux et de tous les maléfices. *Jean de Troyes*
raconte qu'au moment de son exécution, le comte de
Saint-Pol (dont on voit encore à Cambrai une grande
partie de l'hôtel qu'il fit bâtir en 1442), dit au cordelier
Sordun, qui l'assistait :

« Beau père, véez-cy une pierre que j'ay longuement
portée en mon col, et que j'ay fort aymée pour ce qu'elle
a moult grande vertu, car elle résiste contre tout venin
et préserve aussi de toute pestilence ; laquelle pierre je
vous prie que vous portiez de par moy à mon petit-fils,
auquel direz que je luy prie qu'il la garde bien pour
l'amour de moy. »

(FRANKLIN).

Le Sable qui se trouve sur le rivage de la mer et chauffé par le soleil, suce et dessèche les eaux des hydropiques qui se sont enterrés dedans jusqu'au col.

(WECKER).

La Terre Sigillée, sorte d'argile que l'on ne trouve que dans l'île de Semnos, est astringente.

Le bol d'Arménie, espèce d'argile ocreuse rouge qu'on tire de Perse et d'Arménie, est astringente, absorbante, antiputride.

La pierre d'aimant est astringente, elle arrête le sang.

(NICOLAS LÉMERY).

A la fin du dix-septième siècle, la médecine utilisait encore l'aimant. Louis XIV ayant eu un anthrax en 1696, *Fagon* lui ordonna un emplâtre composé de litharge, de térébenthine, d'huile d'olive et d'aimant.

(FRANKLIN).

La pierre d'éponge se trouve dans les grosses éponges. On l'estime pour briser la pierre du rein et pour dissoudre la goutte, étant prise intérieurement.

(NICOLAS LÉMERY).

La pierre de serpent est propre contre les morsures des bêtes venimeuses. On l'applique sur la plaie, et l'on prétend qu'elle se charge de tout le venin qui pourroit y être entré.

(ID.).

La pierre de croix portée sur la chair arrête le sang et augmente le lait aux nourrices.

(ID.).

La pierre hystérique appliquée sur le nombril d'une femme s'y attache et abat les vapeurs.

(ID.).

La pierre néphrétique « estant pendue à la cuisse es tfort estimée de certaines personnes pour la guérison · de la gravelle. »

(POMET).

La pierre de sang est une espèce de jaspe ; elle est fort estimée pour arrêter le sang, pourvu qu'on l'applique sur la partie ou qu'on le presse dans la main.

(NICOLAS LÉMERY).

La pierre d'Aigle ainsi appelée « pour ce que les aigles la vont chercher jusques aux Indes et la portent en leurs nids, pour faire plus aysément éclore leurs petits aiglons. »

(DE LA FRAMBOISIÈRE).

Elle est astringente et propre pour arrêter les cours du ventre et les hémorrhagies, étant prise intérieurement.

(NICOLAS LÉMERY).

La pierre de cheval se trouve dans la vésicule du fiel ou dans la vessie de cet animal. Elle est sudorifique, propre pour tuer les vers et arrêter les cours de ventre.

(ID.).

La pierre de loup marin est bonne pour la douleur de tête, étant portée sur la partie malade.

(ID.).

La pierre de Cayman est efficace contre la fièvre quarte. On en applique sur les deux tempes pendant l'accès.

(ID.).

L'usage de tous ces minéraux faisait au moins une saine diversion avec toutes les préparations répugnantes des produits animaux. On demeure toutefois dans l'étonnement devant la multitude de propriétés attribuées aux pierres précieuses. Ceci trouve son explication dans un préjugé que l'on rencontre encore de nos jours et qui consiste à croire que des remèdes composés de substances rares et dispendieuses doivent par le fait même jouir de vertus extraordinaires. Aussi les médecins abusaient-ils parfois de l'emploi de ces substances qu'ils faisaient absorber à grands frais à leur malade. Une ordonnance de cette sorte atteignait vite une somme élevée.

Un exemple de date ancienne nous en convaincra : En 1420, Isabeau de Bavière, reine de France, âgée de 50 ans, était depuis de longues années déjà, obèse et valétudinaire : parmi les comptes de ses dépenses, nous trouvons la mention descriptive et comme la recette d'un électuaire qui lui fut fourni dans l'intérêt de sa santé.

Extrait des comptes de l'argenterie de la Reine Isabelle de Bavière, femme de Charles VI. A Thierry Regnier, marchand (changeur), demeurant à Paris, pour deniers à lui baillés par le commandement de sire *Michiel de Laillet,* conseiller du roi nostre seigneur, et maistre de sa chambre des comptes à Paris, c'est asavoir la somme de sept livres quinze sols tournois (1) pour les parties qui s'ensuivent :

Premièrement, pour deux esterlins et obole (2) de perles d'Orient ;

2° Un esterlin et un ferlin d'émeraudes ;

3° Un esterlin et un ferlin de rubis d'Alexandrie ;

4° Un esterlin et un ferlin de jacinthes ;

5° Un ducat d'or ;

---

(1) Ceci représente 150 à 160 francs de notre monnaie actuelle.

(2) Mesures de poids usitées par les orfèvres et les lapidaires.

Achetés de lui, et baillez et délivrés à *Regnauldin Morel*, appothicaire de la Royne, pour faire un lectuaire pour la santé de la dite dame ; pour ce, par quittance du dit *Thierry* passée au chastelet de Paris, le mardi 30me jour du mois de juillet l'an 1420 ; pour ce, ci....... six livres quatre sols parisis.

(Paris, direction générale des Archives, KK, n° 44, f° 9).

Nous nous sommes peut-être un peu trop longuement étendu sur toutes ces excentricités si surprenantes; mais il nous a semblé que ce n'était point un vain et puéril amusement d'esprit de relater ces choses. Nous avons pu constater ainsi une fois de plus à quelle erreur court l'esprit humain, quand il poursuit des chimères purement spéculatives, et néglige l'aide du raisonnement basé sur les données précises d'une sage observation. Nous avons pu voir également avec quelle ténacité les erreurs et les conceptions gratuites se fixent dans la médecine, une fois qu'elles y ont pénétré.

Il n'y a pas si longtemps que de savants thérapeutistes sont parvenus à grand peine à débarrasser la médecine de tous ces remèdes ridicules ou immondes, et à nettoyer, pour ainsi dire, ces nouvelles écuries d'Augias. Malgré tout, et tant il est vrai de dire que la sottise humaine n'a pas de limites et que les préjugés sont indéracinables, beaucoup de ces remèdes justement chassés de nos ouvrages de médecine et qui auraient dû ne plus jamais y reparaître, continuent encore aujourd'hui d'être mis en usage, non seulement par d'impudents exploiteurs et quelques bonnes femmes, mais même par des personnes d'une véritable érudition.

Pour ne citer que quelques exemples récents, nous

pouvons certifier avoir vu employer aussi bien à la ville que dans les campagnes :

La graisse de chat, contre les engelures ;

L'urine de vache, contre les ophthalmies ;

La bouse de vache en guise de cataplasmes, contre diverses inflammations ;

Des cataplasmes de fiente de chien et de vers de terre, contre les entorses ;

Une tanche appliquée sur la région du foie, contre la jaunisse ; la tisane de carottes, contre la même affection ;

Un pigeon ouvert vivant et placé tout sanglant sur la tête d'un enfant atteint de méningite ;

Une boisson faite avec une décoction de grillons, contre l'anasarque ;

Des jarretières en peau d'anguille, contre les varices ;

Différentes pommades de composition secrète, notamment employées contre les panaris, et dont l'effet le plus certain est de fournir au chirurgien de fréquents cas d'amputations.

En toute occasion, nous nous sommes élevé contre une aussi absurde crédulité, mais nos observations ont été toujours inutiles. « Du moment que l'erreur est en possession des esprits, a dit *Fontenelle*, c'est une merveille si elle ne s'y maintient toujours. »

Les véritables acquisitions de la thérapeutique. Remèdes tirés du règne végétal

A ceux qui ne veulent rechercher que le côté véritablement progressif de notre art, il ne faudrait pourtant pas laisser croire que la thérapeutique soit restée de longs siècles sans avoir fait la moindre acquisition sérieuse et durable. Il est utile de citer ici à côté des substances nauséabondes et complètement inactives que nous a offertes le règne animal, des produits sérieux tirés du règne végétal.

Cette source inépuisable a déjà fourni d'innombrables matériaux à la pharmacologie, mais l'emploi en était fait d'une façon empirique.

Nous avons vu les anciens croire aux signatures des plantes. Plus tard, après *Hippocrate* et *Galien*, et aussi longtemps que l'on ajouta foi au système des vapeurs et des humeurs, il fallut chercher une théorie médicatrice en relation avec ce principe humoral. De même que l'on admettait des intempéries correspondant aux quatre qualités élémentaires, chaude, froide, sèche, humide ; on considéra aussi les plantes composées de quatre qualités, et il y en eut de chaudes, de froides, de sèches et d'humides présentant en outre quatre degrés différents.

Ainsi, les plantes chaudes passaient pour atténuer, ouvrir, déterger, raréfier, digérer, attirer plus ou moins, suivant le degré de leur chaleur.

Celles qui étaient chaudes au 1er degré, échauffaient insensiblement, comme la pivoine, la bétoine, l'aigre-moine, l'absinthe, le souci, la scolopendre, la véronique, l'euphraise, la mercuriale, la bétte, la camomille, le mélilot, le lin, etc.

Celles qui étaient chaudes au 2e degré, échauffaient manifestement, comme l'aunée, la bryone, la garance, la gentiane, la serpentaire, le souchet, l'ache, le persil, l'armoise, la mélisse, la menthe, la sauge, le romarin, le houblon, le fumeterre, le marrube, la scabieuse, la valériane, etc.

Celles qui étaient chaudes au 3ᵉ degré, échauffaient beaucoup, comme l'aristoloche, l'iris, l'acore, le cyclamen, le cabaret, le poireau, le raifort, le fenouil, l'hysope, la sariette, le calament, l'origan, le pouliot, la marjolaine, la rue, l'aurone, l'angélique, la chélidoine, le saxifrage, le laurier, l'anis, le genièvre, le poivre, le carthame, le lupin, etc.

Celles qui étaient chaudes au 4ᵉ degré, brûlaient comme la pyrèthre, l'ail, l'oignon, la roquette, la renoncule, la moutarde, l'euphorbe, le thapsia, etc.

Les plantes froides bouchaient, épaississaient, repoussaient plus ou moins, selon le degré de leur froideur.

Au 1ᵉʳ degré, elles refroidissaient insensiblement, comme la ronce, le trèfle, l'hépatique, le séneçon, les roses, les coings, les poires, etc.

Au 2ᵉ degré, elles rafraîchissaient manifestement, comme le plantain, la morelle, la chicorée, etc.

Au 3ᵉ degré, elles refroidissaient extrêmement, comme le pourpier, la joubarbe, la jusquiame, la mandragore, etc.

Au 4ᵉ degré, elles assoupissaient et faisaient perdre le sentiment comme la ciguë, le pavot, l'opium.

Le même classement pour les plantes sèches et pour les plantes humides.

Parmi les plantes purgatives, les unes étaient obligatoirement chargées de purger la bile ; les autres, la pituite ; d'autres encore, la mélancolie.

Sur quelles raisons s'appuyaient ces distinctions ? Il eut été bien difficile de les dire. Toute propriété une fois attribuée à une plante, était admise sans contrôle. Une telle singularité a sans doute inspiré Du Bartas, poète du milieu du XVIe siècle, lorsqu'il disait :

O plantes qui tenez en vie nostre vie,
Et qui la rappellez quand on nous l'a ravie,
Ce ne sont vos liqueurs esparses dans nos corps,
Qui seulement font teste à tant et tant de morts :
Ains vostre seule odeur, vostre seul voisinage,
Contre dix mille assauts fortifient nostre aage,
Produisant tant d'effets que celuy seul les croid,
Qui de sa main les touche, et de son œil les void.

(GUILLAUME DE SALLUSTE, SEIGNEUR DU BARTAS).

Les savants qui prirent à cœur de réviser les assertions des anciens entreprirent une œuvre bien digne d'éloges. Mais ce ne fut qu'à la suite de la découverte de l'Amérique et des nombreux voyages dans l'Orient, ce ne fut qu'après les sérieuses études de *Tournefort* (1656-1708) et de *Linné* (1707-1778) que nous devons à la botanique scientifiquement constituée, les plus précieuses ressources de la thérapeutique.

En 1517, le sultan *Selim*, importait à *Constantinople* la fameuse graine du *caféier*. Originaire de l'Abyssinie, transporté ensuite dans l'Arabie, le café ne fut botaniquement décrit qu'en 1640 par *Prosper Alpin*. Ses propriétés excitantes, astringentes et toniques ne tardèrent pas à être connues et appréciées.

Comme pour beaucoup de substances médicamenteuses, il paraît que c'est au hasard que l'on doit la découverte des vertus de cette graine merveilleuse.

Le supérieur d'un monastère d'Arabie, ayant appris d'un pâtre que ses chèvres, quand elles avaient brouté les baies du caféier, restaient éveillées, sautant et cabriolant toute la nuit, fit boire à ses moines une infusion de café pour les tirer du sommeil qui les tenait assoupis pendant la nuit aux offices du chœur. Les effets répondirent à son attente, et depuis lors au monastère on continua à se servir de cette précieuse infusion. Inutile d'ajouter comment cet exemple fut suivi.

En abordant au Mexique en 1520 les Espagnols apprirent l'usage du *cacao*. Les Mexicains en préparaient une pâte alimentaire désignée sous le nom de *thotcolatl* qui donna aux Espagnols l'idée de créer la fabrication du chocolat. La médecine utilise sous le nom de *beurre de cacao*, une huile concrète retirée de cette graine.

Vers le milieu du XVIᵉ siècle, on découvrit les propriétés stimulantes et diaphorétiques du *sassafras*, de la *squine* et de la *salsepareille*.

A peu près vers la même époque *Monardes* introduisait en Europe le *baume du Pérou* et le *baume de Tolu* tandis que *Margraf* et *Pisan* faisaient connaître le *baume de Copahu*. Ces trois baumes possédaient les mêmes vertus stimulantes et anti-catarrhales.

Jean Nicot, ambassadeur de France en Portugal, nous apporta le *tabac*, de l'Amérique, en 1558. Dès son apparition, cette plante devint une panacée, et fut employée en poudre, en feuilles, en fumée, sous forme d'eau distillée, d'huile, de pilules, d'extrait, de cérat, de baume, d'onguent, etc. Alors on lui reconnaissait la propriété de calmer la faim et la soif, de faire dormir et rêver tranquillement, de guérir de l'abondance des humeurs, des crachements immodérés, des fluxions qui tombent sur les yeux, des maux de tête, des larmes involontaires, du rhumatisme, de la goutte et de la sciatique, de l'hydropisie, de l'asthme, de la phthisie, des fièvres, de l'épilepsie, de l'hystérie, bref, d'une foule d'autres affections.

Par suite des empoisonnements qu'il a occasionnés, son usage comme médicament est extrêmement restreint aujourd'hui ; et il ne sert plus guère qu'à faire passer agréablement le temps.

Clusius, en 1603, fit connaître les propriétés drasti- ques de la *gomme-gutte*, originaire du *Cambodge*.

Le même auteur, en 1605, classa parmi les stimulants aromatiques, *la cannelle*, que l'on découvrit dans le sud de *la Floride*, dans les îles Bahamas, Cuba, Jamaïque, Sainte-Croix, Guadeloupe, Martinique.

La cascarille, que l'on peut placer à côté de la cannelle, à cause de son effet stimulant, tonique, astrin- gent et fébrifuge, fut importée des îles Bahamas, en 1630. Il en est de même de *la serpentaire* apportée de Virgi- nie dans le courant de la même année.

C'est en 1640 que *Parkinson* indiqua l'emploi de la *digitale* contre l'épilepsie et contre le goître. Ce ne fut qu'à partir de 1721 que son action vaso-motrice fut connue et qu'elle fut employée contre les hydropisies, les maladies du cœur, l'apoplexie pulmonaire, la fièvre typhoïde, etc.

En 1641, *Tulpius* donna une étude sérieuse sur les propriétés alimentaires et thérapeutiques du *thé* importé de *la Chine* et du *Japon* où on l'utilisait comme excitant digestif et tonique.

A la même époque, 1640, fut importé de l'Amérique en Europe, le *quinquina*, la plus belle conquête de la thérapeutique moderne, et voici à quelle occasion. La comtesse d'*El-Cinchon*, originaire d'Espagne, femme

du vice-roi du Pérou, étant atteinte de fièvre intermittente opiniâtre, fut guérie par un corrégidor du Loxa,
qui lui administra du quinquina. La comtesse de retour
dans son pays, fit connaître le précieux remède auquel
elle devait son rétablissement, et fut assez heureuse pour
obtenir auprès de plusieurs malades les mêmes effets
qu'elle avait observés la première. De là le nom de
poudre de la comtesse, et le nom latin de *Cinchona*,
donné par *Linné* aux genres de cette plante. Le
quinquina fut d'abord mal accueilli en France, et ce ne
fut qu'après un temps assez long, que *Louis XIV*,
parvint à le rendre populaire. En 1679, un empirique
anglais du nom de *Talbot* réussit à débarrasser le roi
d'une fièvre intermittente très rebelle, à l'aide d'un
remède secret qui avait maintes fois fait ses preuves à la
cour. Le roi lui acheta son secret 48,000 livres, lui fit
une pension viagère de 2,000 livres et lui donna des
lettres de noblesse. Ce secret n'était rien autre que de la
teinture de quinquina. Depuis lors, le quinquina n'a
cessé d'être un des médicaments les plus universellement
employés. (1).

Au règne de *Louis XIV* se rattache encore la découverte d'un précieux médicament : l'*Ipécacuanha*, sur
lequel *Guillaume Pison* attira le premier l'attention en
1648.

« Les botanistes voyageurs qui l'avaient vu employer
avec succès au Brésil contre la dysenterie, le préconi-
sèrent en Europe, mais on n'ajouta pas foi à leur
affirmation. En 1686, un marchand français, nommé
Grenier, rapporta du Brésil cent cinquante livres de

(1) *Em. Le Maout,* botanique.

racines d'ipécacuanha, et s'associa pour en tirer parti, avec un hollandais nommé *Adrien Helvétius*, qui exerçait la médecine à Paris, et à qui il révéla les vertus anti-dyssentériques de l'ipécacuanha. *Helvétius* ne tarda pas à opérer des cures qui attirèrent sur lui l'attention publique ; il fut mandé auprès du Dauphin, atteint d'une dyssenterie, et il le guérit. Cette cure lui valut l'autorisation de faire à l'Hôtel-Dieu de Paris, des expériences publiques sur les vertus de son remède secret. Les expériences ayant réussi, le roi *Louis XIV* lui accorda le privilège exclusif de débiter sa précieuse racine, et lui donna en outre une récompense de mille louis. Cependant *Helvétius* voulait cumuler les honneurs de la science et les profits de l'industrie ; l'industriel, qui l'avait pris pour son associé, revendiqua sa part, et plaida contre lui devant le Parlement qui donna gain de cause à *Helvétius*. Ce fut alors que pour rendre infructueuse la victoire de son adversaire, *Grenier* divulgua le secret. A dater de ce jour l'ipécacuanha fut enregistré dans les livres de matière médicale, et sa vogue qu'avait préparée le charlatanisme fut consolidée par le scandale d'un procès. » Il a conservé la réputation qu'il avait acquise au XVIIe siècle et aujourd'hui on l'utilise journellement comme anti-dyssentérique, expectorant et vomitif. Les aborigènes du Brésil prétendent que cette dernière vertu a été révélée à leurs ancêtres par un chien sauvage nommé Guara ; cet animal, quand il avait bu en excès l'eau saumâtre ou impure des lagunes ou des rivières, mâchait des racines d'ipécacuanha, qui lui faisaient vomir cette eau, et lui rendaient la santé. (1).

La thérapeutique s'enrichit encore du *cachou,* en

(1) *Em. Le Maout,* botanique.

1650 ; du *colombo,* en 1671 ; de l'*aconit,* en 1762 et vers la même époque : du *polygala,* du *simarouba,* du *quassia amara,* de *la Fève de Saint-Ignace* transportée des Philippines en Europe par les Jésuites qui, à cause de ses propriétés, lui donnèrent le nom d'*Ignace* fondateur de leur ordre ; du *ratanhia* originaire de Huanuco et de Lima, où les femmes s'en servent pour conserver leurs dents ; de la *spigélie,* de l'*arnica,* etc.

Anciens remèdes encore en usage de nos jours

A côté de tous ces médicaments qui occupent une place méritée dans le codex actuel et dans les formulaires de pharmacologie, on retrouve encore un certain nombre de vieux remèdes qu'un respect presque superstitieux semble avoir protégés jusqu'à ce jour. S'il en est qui contiennent certaines propriétés actives, il s'en trouve beaucoup qui ne renferment que des substances inutiles et souvent incompatibles les unes avec les autres. Dans cette catégorie, nous citerons à titre de curiosité quelques remèdes restés le plus en usage :

Le baume du Commandeur de Permes ou du Chevalier de Saint-Victor, (1690), qui, suivant son inventeur, avait la propriété de guérir en huit jours les coups de fer et de feu, à moins que la plaie ne fut mortelle. Il est composé de racine d'angélique, d'hypericum, de myrrhe, d'oliban, de baume de tolu, de benjoin, d'aloès et d'alcool.

Le Baume de Fioravanti, inventé par *Léonardo Fioravanti,* empirique italien né à Bologne en 1520. Ce Baume est composé de térébenthine du mélèze, de résine élémi, de résine de tacamahaca, de succin, de styrax liquide, de galbanum, de myrrhe, d'aloès, de baies de laurier, de galanga, de zédoaire, de gingembre, de cannelle, de girofle, de muscade, de feuilles de dictame de Crète et d'alcool.

Le Baume Feuillet ou Baume de Metz, préparé par un médecin de Metz, nommé *Duclos,* et mis en vente à Paris par madame *Feuillet,* qui le fit appeler de son nom. En voici la formule : huile de ricin, huile d'olive, huile volatile de genièvre, huile volatile de girofle, térébenthine, carbonate de cuivre, sulfate de zinc, aloès socotrin.

Le Baume Tranquille, inventé par le capucin *Aignan,* en religion *Père Tranquille.* Il est composé de feuilles de belladone, de jusquiame, de morelle, de nicotiane, de pavot, de stramonium ; de sommités d'absinthe, d'hysope, de lavande, de marjolaine, de menthe aquatique, de menthe-coq, de millepertuis, de rue, de sauge, de thym ; de fleurs de sureau, de romarin ; d'huile d'olive.

« Quand on veut le faire encore meilleur, écrit le père Rousseau, collaborateur du père Tranquille, on y ajoute autant de gros crapauds vifs qu'il y a de livres d'huile ; lesquels il faut faire bouillir jusques à tant qu'ils soient presque brûlez dans l'huile, avec laquelle leur suc et leur graisse se mêle et augmente beaucoup l'excellence du remède ». Il passait pour guérir à peu près tous les maux, et il jouissait d'une grande vogue au XVIIe siècle.

Madame de Sévigné, que nous retrouvons toujours quand il s'agit d'apprécier un bon remède, écrivait à sa fille le 15 décembre 1684 : « Je vous envoie ce que j'ai de plus précieux, qui est ma demi-bouteille de baume tranquille. Je ne pus jamais l'avoir entière ; les capucins n'en ont plus » (1).

L'emplâtre de Vigo fut composé à la fin du XVe siècle par *Jean de Vigo,* de Gênes, premier chirurgien du pape Jules II. Cet emplâtre reçut d'abord le nom d'*Emplâtre de Ranis*, par suite de la présence de grenouilles dans sa composition. Il y entrait également des vers de terre et de la graisse de vipères. Plus tard on y ajouta du mercure, d'où le nom d'*Emplâtre de Vigo cum mercurio*. Dans les formulaires actuels, on a retiré les grenouilles, les vers de terre et la graisse de vipères, pour ne laisser que la cire, la poix résine, la gomme ammoniaque, le bdellium, l'oliban, la myrrhe, la poudre de safran, le mercure, la térébenthine, le styrax liquide, l'huile volatile de lavande, qui étaient compris dans la formule primitive. Les malades ne s'en trouvent pas plus mal.

L'onguent Basilicum, maturatif excitant, a été inventé par *Mésué* au IXe siècle. Il tire son nom de « βασιλισκος₂ *petit roi* », à cause de sa supériorité. On l'avait d'abord appelé *Tetrapharmacum*, parce qu'il contient quatre substances : la poix, la résine, la cire et l'huile.

L'onguent Canet, composé principalement de diachylon, de cire jaune, d'huile d'olive et de colcothar. C'est un astringent résolutif inventé, vers le milieu du XVIIIe siècle, par le charlatan *Canet*.

L'onguent de la mère, inventé vers le milieu du XVIIe siècle par une religieuse de Port-Royal, sœur *Agnès de Sainte Thècle*, tante de *J. Racine*. Il entre

(1) Franklin.

dans cet onguent de l'huile d'olive, de la graisse de porc, du beurre, du suif de mouton, de la cire jaune, de la litharge et de la poix noire. Il est employé comme maturatif.

L'onguent Populéum, sédatif, composé par *Myrepsus* au XIIIᵉ siècle, et dont voici la formule : bourgeons de peuplier ; feuilles de pavot, de belladone, de jusquiame, de morelle ; graisse de porc.

Le Diascordium, électuaire astringent et narcotique, composé de feuilles de scordium (auxquelles il doit son nom) ; de roses rouges ; de racines de bistorte, de gentiane et de tormentille ; de semences d'épine vinette ; de cassia lignea, de cannelle, de dictame de Crète, de styrax calamite, de galbanum, de gomme arabique, de gingembre, de poivre long, d'extrait vineux d'opium, de bol d'Arménie, de miel rosat et de vin d'Espagne. Il a été inventé par *Frascator*, médecin italien, qui vivait au commencement du XVIᵉ siècle.

Le Laudanum, qui contient de l'opium, du safran, de la cannelle, de la girofle et du vin de Malaga, fut formulé (en 1669) par *Thomas Sydenham*, savant médecin, né à Windfor-Eagle en 1624.

L'Eau de mélisse des Carmes, 1725.

L'Eau de Rabel, mélange d'acide sulfurique et d'alcool, 1760.

L'Elixir de Garus, qui n'est rien autre que l'Elixir de Propriété inventé par *Paracelse* et qu'un épicier du nom de *Garus* chercha à imiter, 1640. Pour faire cet Elixir, on se sert d'aloès socotrin, de myrrhe, de safran, de cannelle, de girofle, de noix muscade, d'alcool et d'eau de fleurs d'oranger.

La Poudre de Dower.

La Poudre d'yeux d'écrevisse.

Le Remède de Durande, spécifique contre les calculs hépatiques, et dont la formule (essence de térébenthine et éther) a été donnée en 1770.

Les pilules purgatives écossaises, formulées par *Anderson,* d'Edimbourg, en 1635. Elles comprenaient autrefois de l'agaric blanc, du sel de tartre, de la gomme arabique, de la myrrhe, de l'huile de ricin, du sirop de nerprun, du sel de nitre, de l'extrait de genièvre et de l'aloès socotrin. On les prépare aujourd'hui avec de l'aloès Barbades, de la gomme-gutte, de l'huile volatile, d'anis et du miel.

Les pilules balsamiques de Morton, médecin anglais, né en 1635 dans un village du comté de Sulfolk ; ces pilules contiennent *de la poudre de cloportes,* de la gomme ammoniaque, des fleurs de benjoin, de la poudre de safran, du baume de tolu et du soufre anisé.

Les pilules de Cynoglosse, composées par *Alexandre de Tralles,* et que *Mésué* a décrites sous le nom de leur effet : « *catapotia ad catarrhum, coryzam, tussim, aliosque his succedentes affectus* ». Il entre dans la composition de ces pilules : de l'écorce sèche de racine de cynoglosse, des semences de jusquiame, de l'extrait d'opium, de la myrrhe, de l'oliban, du safran, du castoréum et du sirop de miel.

Il nous paraît superflu de prolonger ces citations qui, pour la plupart, ne feraient que reproduire les spécimens des nombreuses recettes polypharmaceutiques d'autrefois. En réunissant dans la même formule une foule de substances diverses, les médecins espéraient que l'une d'entre elles au moins combattrait sûrement la maladie.

Plusieurs savants thérapeutistes, nous l'avons vu, se sont élevés contre ces étranges amalgames, et *Michel Montaigne,* qui pourtant n'était pas médecin, avait également écrit à ce propos : « De tout cet amas ayant fait une mixtion de breuviage, n'est-ce pas quelque resverie d'espérer que ses vertus s'aillent divisant et triant de cette confusion, et meslange, pour courir à charges si diverses ? Je craindrais infiniment qu'elles perdissent ou échangeassent leurs étiquettes et troublassent leurs quartiers. Et qui pourrait s'imaginer qu'en cette confusion liquide, ces facultés ne se corrompent, confondent et altèrent l'une l'autre ? »

Aujourd'hui que nous possédons une multitude d'agents doués d'une grande énergie d'action, le moment n'est pas éloigné où tous les praticiens reconnaîtront que l'efficacité d'une formule dépend davantage de sa simplicité que d'une trop grande complexité.

Dans l'aperçu que nous venons de donner, nous avons vu que l'art de guérir était à l'origine tout empirique, et que le hasard régnait en maître ; nous l'avons suivi à travers mille péripéties produites par les erreurs, les tâtonnements, les préjugés, les défaillances de l'esprit, les enthousiasmes irréfléchis et tous les dénigrements systématiques.

Sans connaissances anatomiques et physiologiques ou du moins avec des notions bien incomplètes et le plus souvent erronées, les anciens ne pouvaient apprécier le

véritable siège du mal, ni la nature, ni le développement
des affections morbides.

A la place de la science exacte qu'ils ne faisaient
qu'entrevoir très vaguement, ils ont mis en avant des
hypothèses, qui ont été le point de départ des différents
systèmes que nous avons signalés. Nés des lacunes des
sciences accessoires, ainsi que d'une fausse interprétation
du mal physique et du remède destiné à le combattre,
ces systèmes ont tour à tour entravé la marche de la
science et retardé les progrès de la thérapeutique.

Principales découvertes
qui ont contribué aux progrès de l'art de guérir
pendant le XIXe Siècle

Sans vouloir nous étendre sur les admirables progrès
obtenus dans le XIXe Siècle, sujet qui appartient à une
plume plus autorisée que la nôtre, disons seulement
que la thérapeutique, pour parvenir à son état actuel, a
largement profité des grandes découvertes opérées dans
les sciences qui lui prêtent leur concours.

L'Anatomie normale, l'Histologie, la Physiologie,
l'Anatomie pathologique et la Pathogénie, arrivées
aujourd'hui à un remarquable degré de perfection, ont
permis de ne plus voir dans la maladie un être distinct,
un ennemi qui s'acharne sur le corps, comme on le
croyait autrefois, mais un acte physiologique dévié de
son type normal.

La Physique a sensiblement agrandi le champ d'investigations de la médecine en lui apportant une foule de nouveaux appareils tels que :

Le Myographe, appareil destiné à mesurer la vitesse des contractions musculaires.

(Helmholtz et Marcy).

Le Dynamomètre, destiné à mesurer la force musculaire.

Les Densimètres.

L'Hémomètre, qui sert à mesurer la pression latérale ou la tension du sang.

(Hales, Magendie, Ludwig, Vierordt, Valentin).

Le Cardiographe, qui mesure les battements du cœur.

(Marcy).

L'Hémodromomètre, qui sert à mesurer la vitesse du sang.

Le Sphygmographe, qui sert à enregistrer les pulsations des artères.

(Id.).

Le Spiromètre, qui indique la quantité d'air introduit dans les poumons.

(Hutchinson).

Le Laryngoscope, pour l'exploration du larynx.

(Garcia, Czermak).

L'Endoscope, pour l'exploration de l'urèthre et de la vessie.

(Desormeau).

Le Rhinoscope, pour l'examen des fosses nasales.

(Czermak).

L'Ophthalmoscope, pour l'examen du fond de l'œil.

(Helmholtz — 1851).

L'Otoscope, pour l'examen de l'oreille.

Le Microscope, instrument inventé par *Janssen,* opticien Hollandais, en 1590. C'est aux différents perfectionnements apportés dans ce précieux instrument que nous sommes redevables des plus belles découvertes en anatomie, en chimie et dans les sciences naturelles. Sans lui, aurait-on jamais tant parlé des Microbes, et ces intéressants animalcules ne seraient-ils point restés bien tranquilles dans leurs évolutions.

Le Thermomètre.

Les Appareils Electriques.

C'est encore à la Physique que nous devons l'Auscultation, la Percussion, les Cloches pneumatiques, les Ventouses, les Applications météorologiques, etc.

La Chimie, cette belle science toute Française à peine née d'hier, est intervenue également dans l'analyse de l'air, des gaz, des eaux et des lieux, dans l'alimentation, dans les analyses du sang et des différents produits de sécrétion et d'excrétion, dans les moyens de reconnaître les produits falsifiés et les poisons.

C'est à cette science que nous devons une de nos plus belles découvertes : *l'Ethérisation,* qui délivre l'homme d'une de ses plus cruelles épreuves, la douleur.

L'idée de chercher à détruire ou à diminuer la douleur est aussi ancienne que la médecine.

Les Assyriens employaient la compression pour déterminer un certain degré d'insensibilisation. *Les Egyptiens* appliquaient sur la région à opérer une pierre appelée *Memphitis* qui, réduite en poudre et délayée dans du vinaigre, avait (probablement par un dégagement d'acide carbonique) la propriété de faire perdre la sensibilité. *Pline* et *Dioscoride* donnent les formules des boissons variées que les chirurgiens administraient de leur temps, et nous les voyons avoir surtout recours au vin de mandragore.

L'histoire nous rappelle qu'*Annibal,* envoyé par les Carthaginois contre les Africains révoltés, en fit usage contre les barbares. Simulant une retraite après le combat, il abandonna sur le champ de bataille quelques vases remplis de vin dans lesquels il avait mis macérer des racines de mandragore. Les ennemis burent sans défiance cette liqueur, mais bientôt ils tombèrent dans la stupeur. Ce grand capitaine, revenant sur ses pas, dut à cet artifice une victoire facile. L'usage du vin de mandragore fut pour ainsi dire général du douzième au seizième siècle.

Un fait à noter, c'est que déjà, dès le troisième siècle, les préparations insensibilisantes étaient aussi données par inhalation. « Des éponges étaient imbibées d'un suc concentré de mandragore, de ciguë, de jusquiame, exposées au soleil et séchées. Puis, au moment de les utiliser, on les plongeait dans l'eau chaude et on les donnait à « odorer » au patient, qui ne tardait pas à s'endormir ». (1).

Outre la mandragore, la ciguë et la jusquiame, les propriétés stupéfiantes de l'opium, de la laitue, du chanvre indien, de la morelle, de la stramoine, de la belladone, étaient également recherchées, ainsi que les irrigations froides et l'application de la glace. Le froid, en effet, produit de l'engourdissement et de l'insensibilité. Après la bataille d'Eylau, *Larrey* remarqua

(1) *Lagneau.*

chez les nombreux blessés qu'il fut obligé d'amputer par un froid très intense, un amoindrissement notable de la douleur. On alla même jusqu'à rechercher dans le magnétisme et l'ivresse alcoolique, des moyens d'insensibilisation. Malheureusement, ces différents agents presque toujours dangereux, étaient très inconstants dans leurs effets anesthésiques, ce qui faisait dire à *Velpeau*, dans son traité de médecine opératoire publié en 1839 : « Eviter la douleur dans les opérations est une chimère qu'il n'est point permis de poursuivre aujourd'hui. » Quand tout à coup, en 1846, apparut la véritable méthode anesthésique.

Déjà, en 1798, *Beddoès*, dans le but d'étudier les propriétés chimiques du gaz, avait fondé à *Bristol* un institut pneumatique et avait placé à la tête de son laboratoire un jeune homme très intelligent, *Humphey Davy*, alors âgé de 20 ans. Par le plus singulier des hasards, ce jeune chimiste commença par étudier le protoxyde d'azote et par de nombreuses expériences en constata positivement l'effet exhilarant et insensibilisant. Le bruit d'une aussi précieuse découverte se répandit rapidement et parvint à la connaissance d'*Horace Wels*, dentiste à *Hartford*, petite ville du comté de *Connecticut*. Il fit sur lui-même plusieurs essais, et à la suite d'inhalations de protoxyde d'azote, se fit arracher une dent, sans qu'il en ressentit la moindre douleur. Assuré de l'efficacité de ce gaz, il voulut tenter une expérience publique à la Faculté de médecine de *Boston* et choisit pour cela un malade à qui justement on devait faire une évulsion dentaire. Malencontreusement, soit par suite de la variabilité d'action du protoxyde d'azote, soit à cause d'une préparation défectueuse, le gaz ne produisit aucun effet, et le patient poussa de tels cris, que toute l'assemblée se mit à rire et à siffler le malheureux opérateur: *Wels* se retira désappointé et la tristesse dans l'âme. Quelques années plus tard, cet homme, qui avait participé à la découverte de l'anesthésie, mais qui n'avait pas été favorisé par les circonstances, oublié de tous et poursuivi par des revers de fortune, tomba dans un profond découragement et se donna la mort.

En 1842, le docteur *Jackson* entreprit de continuer les expériences de *Davy* et de *Wels*. Un jour qu'il était enrhumé et tourmenté par la toux, il se mit à respirer de l'Ether dont il connaissait les propriétés antispasmodiques, mais en ayant aspiré une assez grande quantité, il ressentit quelques effets d'insensibilisation, et le hasard fut ainsi la cause de la découverte de l'Ethérisation.

En 1846, *Jackson* fit part de sa découverte à un dentiste, *William Morton,* qui, à l'aide de ce procédé, réussit à extraire des dents sans occasionner la moindre douleur. Ceux qui en avaient été témoins, l'employèrent à leur tour, et c'est ainsi que l'anesthésie produite par l'Ethérisation tomba dans le domaine public.

Tandis que toutes ces expériences s'opéraient à l'étranger, *Jobert de Lamballe,* le premier en France, constata les effets stupéfiants de l'Ether. Ses expériences furent reprises par *Malgaigne, Velpeau, Roux, Laugier,* etc.

Le 10 Novembre 1847, *Simpson,* professeur à l'Université d'Edimbourg, faisait connaître les propriétés anesthésiques du Chloroforme, et *Flourens* communiquait à l'Académie des Sciences, les résultats de ses expériences sur le même sujet (1).

(1) *Figuier.*

Aujourd'hui le Chloroforme est généralement employé pour l'anesthésie par la plupart des chirurgiens qui le préfèrent à l'Ether à cause de la facilité de son administration, de la rapidité de son action et de la plus longue durée de son pouvoir insensibilisant.

C'est à la Chimie que nous sommes redevables d'une multitude d'agents curatifs. Dans l'analyse des plantes médicinales, elle a pu réaliser le rêve de *Paracelse*, recherchant la quintescence de chaque corps. Ces fameux arcanes sont aujourd'hui dévoilés sous la forme d'alcaloïdes, de glucosides, d'huiles essentielles et d'autres principes actifs.

Nous trouvons d'abord les principaux *alcaloïdes* :

Berbérine, Théobromine, Vératrine, Bibirine, Spartéine, Pélosine, Codéine, Morphine, Narcéine, Papavérine, Chélidonine, Harmaline, Harmine, Pipérine, Aconitine, Aricine, Arbutine, Aspidospermine, Boldine, Cinchonine, Cinchonidine, Quinine, Quinidine, Caféine, Atropine, Nicotine, Solanine, Brucine, Strychnine, Igasurine, Aricine, Alétrine, Anémonine, Azadirine, Atropamine, Buxine, Capsicine, Carapine, Chélidonine, Cocaïne, Colchicine, Curarine, Delphine, Ergotinine, Escrine, Duboisine, Elatérine, Erythrophléine, Emétine, Ephédrine, Eupatorine, Euphorbine, Gelsémine, Géranine, Hydrastinine, Hydrastine, Hyoscyamine, Hyoscine, Jamaïcine, Lobéline, Lantanine, Ménispermine, Mandragorine, Paraménispermine, Péreirine, Pilocarpine, Picrotoxine, Sabadilline, Sanguinarine, Somniférine, Parthénine.

Nous voyons ensuite les *glucosides* : Adonidine, Arbutine, Convallamarine, Convallarine, Digitaline,

Onabaïne, Solanine, Strophantine, Rhinanthine, Baptisine, Vernonine.

Nous avons enfin toute la nouvelle série des principes actifs, des extraits, des acides, des sels et des autres produits : Absinthine, Acétal, Acide anisique, Acide camphorique, Acide benzoïque, Acide gynocardique, Acide osmique, Acide oxynaphtoïque, Acide chrysophanique, Acide pyrogallique, Acide phénylacétique, Acide trichloracétique, Acide salicylique, Agaricine, Alaninate de mercure, Anisate de soude, Antipyrine ou Diméthylphénylpyrazolone, Antiseptol, Antithermine, Aristol, Apiol, Aseptol, Benzanilide, Bromoforme, Bromol, Bromure d'étyle, Bromure de nickel, Bromure d'or, (Bromure de potassium, de sodium, de calcium, d'ammonium), Canadol, Cantharidine, Chloralamide, Chlorhydrate d'apomorphine, d'hydroxylamine, de kairine, d'orexine, de pilocarpine, Chlorure de méthylène, Chrysarobine, Cotoïne, Créoline, Crésalol, Crésotinate de soude, Crésylol, Croton-Chloral, Curarine, Désinfectol, Dithiosalicylate de soude, Diurétine, Embélate d'ammoniaque, Ethoxycaféine, Eucalyptol, Eugénol, Eulyptol, Euphorine, Evonymine, Exalgine (orthométhylacétanilide), Fluo-Silicate de soude, Gaïacol, Hélénine, Hippurate de chaux, de lithine, Hydracétine, Hydrasténine, Hydrate d'amylène, Hydronaphtol, Hydroquinone, Hypnal, Hypnone, Icthyol, Iodol, Iodure d'amyle, Iodure d'éthyle, Iridine, Kairine, Kératine, Leptandrine, Lipanine, Lupuline, Lysol, Méco-Narcéine, Menthol, Métachloral, Méthacétine, Méthylal, Méthylsatol, Molline, Morrhuol, Myrtol, Naphtaline, Naphtol (α et β), Nitrate de pilocarpine, Nitrite d'amyle, Orthine, Oxalate de cérium, Papaïne, Para-Cotoïne, Paraldéhyde, Peptone hydrargirique, Permanganate de zinc, Phénacétine,

Phénylméthane, Phtalate de morphine, Picrate d'ammoniaque, Pipérazidine, Pipéronal, Podophyllotoxine, Pyridine, Pyrodine, Quassine. Quinoline, Résorcine, Rétinol, Saccharine, Salicine, Salicylate de bismuth, de cérium, d'ésérine de soude, de lithine, Salipyrine, Salol, Santoninoxyme, Somnal, Sozoiodol de mercure, de potasse, de soude, de zinc, Sulfaminol, Sulfate de spartéine, de thalline, de vératrine, Sulfonal, Tartrate de quinoline, de thalline, Tellurate de potasse, de soude, Térébène, Terpine, Terpinol, Thiol, Thiorésorcine, Traumaticine, Tribomure d'allyle, Trichlorophénol, Trinitrine, Trypsine, Ural, Uréthane, Vaniline, Viburnine, Valérianate d'amyle, de cérium, de vératrine, Xylol, etc.

La Botanique, après avoir comblé la matière médicale de tant de substances utiles, nous offre encore de nouveaux remèdes, tels que : l'Adonis vernalis, l'Ailanthus glandulosa, l'Aletris farinosa, l'Alstonia, l'Alvélos, l'Apocynum cannabinum, l'Araroba, la Sabline rouge, le Sassafras australien, le Lilas des Indes, l'Ecorce de Baobab, le Gurjum, le Berberis asiatica, le Boldo, le Cascara sagrada, le Coto, le Damiana, le Rossolis, l'Erigeron, l'Eucalyptus, l'Evonymin, le Gelsemium, le Géranium maculatum, la Grindelie robuste, le Guaco, le Guarana, l'Hamamelis virginica, l'Hoang-Nan, le Gynocardia, le Jatropha curcas, l'Hydrastis, le Jacaranda, le Jambul, le Jaborandi, le Jéquirity, le Juglandin, le Kaladana, le Chanvre du Canada, le Kamala, le Kava, le Kola, la Veronica virginica, le Maté, la Noix d'Arec, le Pambotano, le Picao de Praia, le Pichy, le Piscidia erythrina, la Podophylle, le Quebracho, le Sumac odorant, le Strophantus, le Viburnum prunifolium, etc.

La Zoologie, débarrassée des erreurs grossières d'autrefois, continue de fournir à l'art de guérir son modeste contingent.

A l'aide de ces connaissances obtenues par une longue expérience et une sage observation ; à l'aide des grands travaux de thérapeutique des *Trousseau* et des *Pidoux*, des *Bouchardat,* des *Gubler*, des *Ferrand,* des *Fonssagrives*, des *Dujardin-Beaumetz,* des *Hayem* et de tant d'autres savants cliniciens, le médicament est devenu entre les mains du médecin habile un agent capable de ramener scientifiquement à l'état sain les organes et leurs fonctions déviés de leur type normal.

Pour terminer, nous rappellerons les paroles de notre excellent maître, le Dr *Martin-Damourette*, qui a pu entendre proclamer ses leçons, les cours les mieux faits de tout Paris :

« Dès aujourd'hui la thérapeutique s'appuyant sur une base physiologique et expérimentale, rationnelle et positive, a le droit d'être considérée comme l'égale de toutes les autres sciences. »

TABLE DES MATIÈRES

Cambrai. — Imp. RÉGNIER FRÈRES, Place-au-Bois, 28 et 30.

www.ingramcontent.com/pod-product-compliance
Lightning Source LLC
Chambersburg PA
CBHW052344090426
42739CB00011B/2313